Johannes Lenz · Die Taufe

Johannes Lenz

Die Taufe

Das Sakrament der Christwerdung

Urachhaus

ISBN 3 87838 696 6
3. Auflage 2002

Einbandgestaltung Hans Joachim, Stuttgart.
Satz und Druck der Offizin Chr. Scheufele, Stuttgart.

Inhalt

Vorwort

An jedem Tag werden auf dieser Erde unzählige Kinder geboren. Die Menschheit pflanzt sich fort. Sie breitet sich so aus, daß manche kritische Zeitgenossen mit großer Sorge auf dieses Wachstum schauen. Doch reicht die Erde als Lebensraum aus und würde noch viele weitere Menschen ernähren können, wenn sich das Denken und Handeln der jeweils Lebenden viel stärker als bisher auf die Erhaltung und Pflege des menschenwürdigen Lebens richtete. Offensichtlich gelingt dies aber nicht aus dem rein natürlichen Wachstum. Kinder zu zeugen und zu empfangen, auszutragen und in ihre Kindheit hineinzuleiten, ist zunächst ein Naturvorgang: Fort-Pflanzung und Wachstum. Aber zur Menschwerdung gehört mehr; ist er doch nicht nur ein Naturprodukt, das dem Erbstrom der Generationenfolge entstammt. Er ist als Person und Träger eines Ichs Bürger der geistigen Welt. Nicht nur, daß er der geistigen Welt entstammt. In seiner Seele birgt er eine Bestimmung, die er unter Mithilfe der anderen erreichen soll. Wenn er auch durch das Tor der Geburt als Mensch die Erde betritt, so ist doch die Menschwerdung zunächst nur Hoffnung und Ziel. Und weil diese Menschwerdung neben den natürlichen Lebensvorgängen immer von menschlichen und sozialen Prozessen begleitet werden muß, ist es nicht unwichtig, wie ein Kind empfangen und getragen wird, wie es zur Welt kommt und wie seine erste Kindheit so verlaufen kann, damit es dem Leibe nach sich gesund entwickeln, der Seele und dem Geist nach zur Entfaltung seines Bestimmungszieles kommen kann.

Das Christentum kennt die Tatsache des Tauf-Sakramentes, das aus begründeter Einsicht und freiem Willen der Geburt hinzugefügt wird. Ein Kind wird getauft. Warum? Reicht es im 21. Jahrhundert noch aus, es nur deshalb zu tun, weil seit dem Tode Jesu Christi auf Golgatha im Jahre 33 und seiner Auferstehung unzählige Seelen getauft sind und damit eine lebendige Tradition begründet worden ist? Kann ein christliches Elternpaar allein aus dem Rückblick in die Vergangenheit und aus Achtung vor seiner ehrwürdigen Tradition den Entschluß zur Taufe eines Kindes heute noch fassen?

Was muß geschehen, damit das Wesen eines Sakramentes und damit das Wesen der Taufe so deutlich vor denen steht, die eine Taufe erfragen und suchen, daß der Wille zur Taufe vom Licht des Verständnisses erleuchtet und durchdrungen wird? Denn Christen des 21. Jahrhunderts sollten bewußte und mündige Christen sein. Dazu gehört eine gute Kenntnis der Taufe aus der Erfahrung heraus und eine genaue Kenntnis der Lehre. Je bewußter und aktiver Eltern sind, umso mehr wird es den Kindern zugute kommen. Je mehr die Einsicht in die Taufe und der lebendige Wille zum Taufen in der Gegenwart heranwächst, umso ziel- und kraftvoller können später diese Kinder als Christen im Leben stehen, mehr noch – dem Leben dienen.

Kurt von Wistinghausen (1901–1986), Mitbegründer der Christengemeinschaft und langjähriger Pfarrer der Stuttgarter Gemeinde, hat schon 1967 zu diesem Thema seine Schrift »Die erneuerte Taufe – eine Kindertaufe« veröffentlicht. So könnte es müßig sein und überflüssig erscheinen, diesem weitverbreiteten und geschätzten Buch ein neues zum gleichen Thema an die Seite zu stellen. Ich würde es auch nicht tun, gäbe es nicht einige schwerwiegende Gründe:

- Der Erkenntnisfortschritt in der Bewegung zur religiösen Erneuerung darf nicht still stehen. Er geht ununterbrochen weiter. Je mehr getauft wird und die Erfahrung im Umgang mit diesem Sakrament zunimmt, umso weiter wächst auch die Gedankenbildung zu dieser Tatsache.
- Für die Christengemeinschaft ist diese Weiterbildung der christlichen Lehre lebensnotwendig. Jeder Gedanke und jeder Lehrinhalt erstarrt zur Ideologie oder zur Dogmatik, wenn er nicht immer neu und im Einklang mit dem Geist der jeweiligen Zeit fortgebildet wird.
- Im Gespräch mit Kurt von Wistinghausen vor seinem Tod hat er selbst darum gebeten, doch ja den Impuls seiner einführenden Schriften zu pflegen und fortzuführen. Ja, er gab mir die Freiheit, seine Schriften bis in den Wortlaut hinein zu gebrauchen und weiterzuentwickeln.

Den nächsten Schritt in der Ausbildung der Taufkunde der Christengemeinschaft zu wagen, erscheint nach mehr als einem Vierteljahrhundert angemessen. Es geschieht dies in der Hoffnung, daß auch dieser Versuch nach einiger Zeit weitergeführt und ergänzt wird zum Segen der Kinder, der Eltern, der Paten und der taufenden Gemeinde.

Die Sendung zur Taufe

Matthäus beginnt sein Evangelium mit dem Blick auf Jesus Christus, der ein Sohn Davids und ein Sohn Abrahams ist (Mt 1,1). Dann folgt eine Reihe von Namen als Träger einer Generationenfolge durch dreimal 14 Geschlechter hindurch bis zur Geburt Jesu. Das Neue Testament beginnt also mit einem Stammbaum. Die leibliche Herkunft und der Erbstrom des Volkes der Hebräer ist für den Menschen Jesus wichtig. Die Geburt Jesu, die im gleichen ersten Kapitel aus der Sicht des Vaters geschildert wird – während Lukas die Verkündigung und Geburt Jesu aus der Sicht der Mutter darstellt – hat damit leibliche Eltern, Vater und Mutter, und eine Reihe von Vorfahren zur Voraussetzung. Wir meinen allerdings, daß die leibliche Elternschaft von Joseph und Maria kein Widerspruch zur Jungfräulichkeit der Mutter sein muß: Der Fortpflanzungsstrom, dessen Träger das eindrucksvolle Anfangskapitel bilden, fließt in Reinheit, das heißt unbewußt durch die Eltern in die Leibbildung Jesu ein. Die Fragen, die bei Joseph entstehen, hängen gerade damit zusammen, daß er kein Bewußtsein davon hat, daß eine Zeugung stattgefunden hatte. Maria ist Jungfrau, Frau und Mutter zugleich. Sie ist mit ihrer Seele und ihren reinen Lebenskräften so hingegeben an die Führung durch den Heiligen Geist, daß sie »von keinem Manne weiß«. Und dieses Hingegebensein an die Führung durch den Heiligen Geist ist es, wodurch Joseph, Maria und das Kind das Urbild christlicher Elternschaft und christlicher Familie bilden. Die Geburt Jesu auf Erden und seine Menschwerdung sind eine Heilstatsache. Wer gnostisch denkt und die Vaterschaft des Joseph verneint, hebt gerade einen Wesenszug der Menschwerdung Jesu auf und stellt damit den Sinn und den Geist des Evangeliums in Frage.

Nach dem Tode Jesu Christi am Kreuz und damit der Vollendung seines Erdenlebens schildert das 28. Kapitel seine Auferstehung und den Anfang der Wirksamkeit des Auferstandenen. Die ersten 40 Tage bis zur Himmelfahrt des Herrn werden durch die Evangelien noch umspannt. Mit der Himmelfahrt Christi haben sie ihr Ziel erreicht. Dann setzt mit der Himmelfahrt und dem Pfingstfest die Apostelgeschichte des Lukas ein und damit die Geschichte des Christentums auf Erden in Erfüllung des Wortes des Auferstandenen: »Mir ist gegeben alle Vollmacht im Himmel und auf Erden. Darum gehet hin und lehret Menschen aller Völker und tauft sie im Namen des Vaters und des Sohnes und des Heiligen Geistes. Und lehret sie, sich an das Bestimmungsziel zu halten, welches ich euch gegeben habe. Und siehe, ich bin bei euch alle Tage bis zur Vollendung der Erdenzeit.« (Mt 28, 18–20)

Das Ereignis von Golgatha hat Himmel und Erde, Geistiges und Irdisches, anfangsweise wieder vereint. Eine neue Schöpfung hebt an. Die erste Schöpfung führte aus der Welt des Unsichtbaren zur Entstehung der sichtbaren Welt mit dem Menschen und aller Kreatur. Mit der Wandlungstat von Golgatha fängt die neue Schöpfung an: Das Sichtbare wird wieder mit dem Unsichtbaren, Irdisches mit Geistigem verbunden. Das Reich der Himmel ist nahe herbeigekommen. Das Zielbild ist das Himmlische Jerusalem.

Weil Jesus Christus von der Stunde des Kreuzes an mit Mensch und Erde verbunden ist, obgleich sein Reich nicht von, aber in dieser Welt ist, erfolgt die Sendung der Jünger zu den Menschen und Völkern. Zunächst erhalten sie die Weisung, zu lehren. Schon Johannes der Täufer hatte Sinneswandlung, das neue Denken und die neue Moralität, gelehrt: »Ändert den Sinn, das Reich der Himmel ist nahe herbeigekommen« (Mt 3,2). Nach der Gefangennahme des Täufers setzte Jesus Christus die Verkündigung unmittelbar fort. Mit der Berufung und Sendung der Jünger geht auch der Inhalt dieses Verkündigungsauftrages und damit der christlichen Lehre an sie über (Mt 10,7). Aber das Christentum ist nicht nur Lehre. Deshalb folgt der Auftrag zur Taufe im Namen der göttlichen Dreieinigkeit. Die übliche Benennung »Missionsbefehl«, wie sie noch in den revidierten Ausgaben der Übertragung des Neuen Testamentes durch Martin Luther gebraucht wird, ist problematisch. Christus befiehlt nicht. Die Jünger werden in die Welt gesandt. Ihr Auftrag schließt ein, alles zu tun, damit das Ziel des Menschseins auf Erden, seine göttliche Bestimmung, sein »Telos«, das in dem Begriff »Entelechie« liegt, erreicht werden kann.

Ohne besondere Voraussetzungen ist im allgemeinen der Mensch aus sich heraus zu schwach, um seine göttliche Bestimmung zu erreichen. Die grundsätzliche Schwächung, die durch den Fall in die materielle Welt eingetreten ist, die wir in der Sprache der Religion Erbsünde nennen, kann trotz allen Ringens und Mühens nur durch die Gnadenwirkung Jesu Christi ausgeglichen werden. Die Sakramente sind dank der göttlichen Gnade die Mittel, die jenen Teil bewirken, den Menschen aus eigener Kraft nicht zu leisten vermögen.

Der letzte Satz des ersten Evangeliums, der allerdings nur dann als Wirklichkeit gehört und aufgenommen werden kann, wenn der Hörer und Leser seine Aufmerksamkeit, seine Augen, seinen Sinn zum Geist erhebt – »und siehe« – spricht das Geheimnis der Allgegenwart Christi aus:

> »Ich bin bei euch alle Tage bis zur Vollendung des Erdenäons!«

Nehmen wir das Neue Testament beim Wort: An jedem Tag ist Christus nahe. So ist er auch bei jeder Taufe da. Das Taufsakrament ist Sein Wort. Die Taufhandlung ist Seine Tat. Im sakramentalen Handeln ist die Hand Gottes gegenwärtig. So ließe sich im Blick auf das Sakrament sagen: Wenn wir ein Kind taufen, so sorgen wir dafür, daß Christus nach der Geburt das Seine zu einem Menschen sagen kann. Wir schaffen die Gelegenheit, daß der Auferstandene an diesem Kinde handeln kann durch sein Wort und durch seine Tat.

So gilt die Sendung der Jünger und der Auftrag zu taufen damals und heute. Wer nicht das heute geistig Gültige einer Taufhandlung ahnt und spürt, wer nicht ein wenig die Gegenwart Christi durch und in dem Sakrament erfühlt, der sollte vielleicht noch warten, bis er einen wirklichen Entschluß zur Taufe fassen kann.

Die Taufe ist das grundlegende Sakrament für die Christwerdung eines Menschen; sie bildet den heiligen Anfang dieses Lebensprozesses. Damit ist sie ein Initiationsakt. »Initium« ist im Lateinischen der Anfang. Die Taufe stellt einen Anfang dar. Sie ist somit von vornherein auf eine Fortsetzung angelegt, denn der Sinn der Taufe zeigt sich erst dann, wenn das ganze Leben eingetaucht wird in den Lebensstrom, der in der Taufe entspringt, dann aber in den weiteren sechs Sakramenten und den übrigen kultischen Handlungen weiter fließt.

Die Vorgeburtlichkeit des Menschen

Das naturwissenschaftliche Zeitalter hat das Wissen über die Entstehung und Entwicklung des Menschen als Naturwesen grundlegend erweitert. Von dem Augenblick der Befruchtung einer weiblichen Eizelle durch eine männliche Samenzelle ist die Keimes- und Embryonalentwicklung in allen Stadien gut bekannt. Ja, die Wissenschaft hat sich bereits den Gestaltungskräften im zeitlichen Ablauf der Entwicklung zugewandt. In Göttingen kann der staunende Betrachter in einer wissenschaftlichen Ausstellung der Humanembryologischen Forschungssammlung der Universität jeden Tag der Entwicklung bis zur Geburt hin plastisch dargestellt finden, eine einmalige Möglichkeit, die wir dem Anatomen und Embryologen Erich Blechschmidt verdanken.

Zur Einseitigkeit der naturwissenschaftlichen Erklärung gehört im allgemeinen, daß zwar Lebendiges nur aus Lebendigem hervorgehen kann, letztlich am Anfang aber unbelebte und unbeseelte Materie gedacht wird. Die Entwicklung geht vom Niederen zum Höheren, von der Eizelle über den Fötus und Embryo bis zum neugeborenen Säugling hin. So ist vielfach heute sowohl in der Medizin wie in der Rechtsprechung eine bislang offene Frage, ab welchem Zeitpunkt von einem beseelten Wesen und damit einem Menschen gesprochen werden kann. Unendliche Konsequenzen hat die jeweilige Anschauung vom Sein und Werden des Menschen.

Die Kirchen überliefern weiterhin Anschauungen aus der vornaturwissenschaftlichen Zeit. Sie nehmen sich heute bei näherem Anschauen seltsam aus, so etwa der Kreatianismus, der aussagt, daß Gott jede einzelne Seele aus dem Nichts heraus schafft und sie im »gegebenen Augenblick mit dem elterlichen Zeugungsprodukt verbindet«.[1]

Warum nicht?!

Meines Erachtens führt kein Weg daran vorbei, sowohl für die Naturwissenschaft bis zur Anthropologie hin als auch für die Theologie die Idee der Vorgeburtlichkeit des Menschen wieder in das christliche Menschenbild aufzunehmen, wie sie etwa dem verketzerten großen Kirchenlehrer Origenes (185–255) noch selbstverständlich war und für die Gegenwart durch Rudolf Steiner (1861–1925) geisteswissenschaftlich aus seiner Verantwortung vor der Naturwissenschaft wieder ausgesprochen worden ist.

Das Leben nach dem Tode ist noch gültige christliche Anschauung, auch wenn die Vorstellung von dem Zustand der Seele nach dem Tode bis zur Auferstehung am Jüngsten Tage zunehmend blasser wird. Dagegen wird zwar heute in weiten Kreisen ein Leben vor der Geburt zunehmend vorausgesetzt, doch die Kirchen tun sich schwer, sich diesem Problem neu zu stellen. Es ist das Verdienst des evangelischen Schweizer Theologen Peter Heimann, dem Problem der Präexistenz der Seele und dem christlichen Glauben im Denkmodell des Origenes nachgegangen zu sein.[2] Er läßt keinen Zweifel daran, daß er selbst die Anschauung von der Präexistenz der Seele vertritt, und gibt der Hoffnung Ausdruck, daß sich dieses Urwissen wieder durchsetzen möge. Fordert nicht der Gedanke der Unsterblichkeit der Seele, wenn er mit vollem Ernst aufgenommen wird, aus sich selbst heraus, daß diese nicht nur für die Zukunft, sondern auch für die Vergangenheit gilt? Hat die Seele ein Unsterbliches in sich, dann war dies vor der Geburt, ist während des Erdenlebens erfahrbar und wird in Zukunft nach dem Tode weiterhin sein.

Eine unbefangene Beobachtung des neugeborenen Kindes und seiner ersten Entwicklung zeigt dem liebenden Auge, daß die Seele einer vorgeburtlichen Welt entstammt. Der Blick in das Auge des Kindes nach drei bis vier Wochen – lehrt er nicht, daß man vor einem Menschenwesen steht, das nicht allein durch ein zehnmonatiges Zellwachstum zu erklären ist? Die Bewegung der Ärmchen, das Strampeln der Beinchen: deutlich ist zu sehen, daß die Führung der Bewegung noch nicht in den Gliedmaßen selber steckt, sondern das Menschlein wie von außen her wirkt und in den ihm entgegenwachsenden Organismus einzieht. Der Mensch inkarniert sich. Er zieht als Geistwesen in das Fleisch, seinen Leib, ein. Setzt nach etwa neun Monaten die Aufrichtekraft ein, ringt das Kindchen unermüdlich um ein Heben des Hauptes; wird die Waagerechte allmählich durch die Senkrechte eingetauscht, dann das Stehen geübt und schließlich erreicht – ist nicht zu sehen, wie die Person ununterbrochen an sich selbst baut und bildet, bis ein aufrechter, stehender, gehfähiger und schließlich sprechender Mensch vor uns steht?

Wolfgang Schad hat den Entwicklungsgedanken in der Embryologie verfolgt und in seinem Buch »Die Vorgeburtlichkeit des Menschen« den Einklang der naturwissenschaftlichen Entwicklung des menschlichen Keimes mit der Präexistenz der Seele aufgezeigt.[3] Auch Erich Blechschmidt sagt im Blick auf den Keim: »Schon der einzellige Keim ist ein individueller Organismus. – Entwikkeln kann sich nur, was im Wesen schon angelegt ist. – Die immer wieder aufgeworfene Frage, warum denn nun aus einem menschlichen Ei ein Mensch werde, ist deshalb schon im Ansatz verfehlt. Ein Mensch wird nicht Mensch, sondern ist ein Mensch und zwar in jeder Phase seiner Entwicklung.«[4]

Wenn sich aber nur entwickeln kann, was im Wesen schon angelegt ist, dann ist das Wesen geistig da und verbindet sich mit der Keimesentwicklung, die vom Augenblick der Zeugung und Befruchtung einsetzt. Die Vorgeburtlichkeit des Menschen folgt notwendig aus der Beobachtung des neugeborenen Kindes, wie aus der heute erschlossenen Embryologie. Für das Erwarten, die Geburt, das Heranwachsen eines Kindes hat die Tatsache der Vorgeburtlichkeit grundlegende Bedeutung. Ist der Mensch in jeder Phase seiner Entwicklung geistig da, verhalte ich mich ihm gegenüber anders, als wenn erst eine Verbindung mit dem »Zeugungsprodukt« eintritt.

Ein besonderes Licht fällt von daher auf die Taufe. Die heute viel diskutierte Frage, ob ein unmündiges Kind getauft werden darf oder nicht besser auf die Erwachsenentaufe gesetzt werden sollte, fällt in sich zusammen, wenn bereits vor der Geburt ein bewußtes Gegenüber da ist und bei der Taufe der Täufling geistig Partner und Gegenüber der sakramentalen Handlung ist. Mutter und Vater, Paten und Taufgemeinde, welche die Vorgeburtlichkeit als menschenkundliche Anschauung in sich tragen, gehen in einer anderen Haltung zu einer Taufe und verbinden sich in einem anderen Sinne dem Sakrament und seinem Mitvollzug, wenn sie dem zu taufenden Kinde gegenüberstehen.

Die Taufgemeinde und ihre Aufgabe

Die Taufe findet öffentlich statt. Jedermann kann an ihr teilnehmen. Im allgemeinen wird sie an einem Anschlagbrett, im Gemeindebrief oder auch mündlich angekündigt. Dies geschieht nicht nur zur Information, vielmehr ist diese Ankündigung eine Einladung und eine Bitte an die Gemeinde, bei dem Sakrament anwesend zu sein und als Taufgemeinde ihre frei übernommene Pflicht zu erfüllen. So werden sich im allgemeinen zwei Schicksalskreise begegnen: Das Kind selbst führt einen Kreis von Menschen zusammen, zu dem die Eltern, Verwandte und Freunde der Eltern gehören. Die Gemeinde, die zunehmend ihre Aufgabe erkennen wird, bei dieser Handlung mitverantwortlich dabei zu sein, tritt zu diesem Kreis hinzu, durchdringt ihn teilweise und ergänzt ihn. So ist es nicht nur sinnvoll, sondern eigentlich notwendig, daß bis in die Wahl der Tageszeit und des Sonntages hin möglichst alles geschieht, daß der Wahrnehmung dieser Aufgabe nichts im Wege steht. Am besten wird die Vormittagszeit in Verbindung mit der Menschenweihehandlung sein, weil da die Gemeinde versammelt ist.

Was ist denn zunächst eine Gemeinde? Die Menschenweihehandlung ist das Altarsakrament, zu dem Menschen sonntäglich zusammenkommen. Sie tun dies, weil sie vom Wort dieser Handlung erreicht, berührt und betroffen sind. Sie schließen sich im Hören des Gotteswortes zusammen. Aber christliche Gemeinschaft läßt sich auf Erden nicht »von unten her« bilden. Einzelne Personen können sich zwar zu einem Verein zusammenschließen – das kann juristisch nötig sein und schafft eine Gemeinsamkeit zu einem bestimmten Zweck, doch ist dies keine Gemeinde. Eine Gemeinde ist mehr. Als Jesus Christus als Antwort auf das Bekenntnis des Petrus vor Cäsarea Philippi sein Bekenntnis zu Mensch und Erde aussprach, sagte er:

> »Selig bist du, Simon, Sohn des Jona,
> denn nicht Fleisch und Blut haben dir das geoffenbart, sondern mein Vater im Himmel. Und ich sage dir: Du bist Petrus, und auf diesen Felsen will ich meine Gemeinde – ecclesia – bauen…« (Mt 16, 17–18)

Jesus Christus baut selbst seine Kirche. Gemeinden sind lebendige Organe, sozial gesprochen Organismen an dem Leibe und der Leiblichkeit der christlichen Ecclesia, der »Gemeinschaft der Herausgerufenen«. Wir können als Menschen Diener und Pfleger bei diesem Bauwerk sein, das heißt, daß dieser Bau zwar einen Grund braucht, auf dem er errichtet werden kann, und den Grund legen Menschen, aber Bauherr und Bauplan sind himmlischer Natur. Der Bau wird von oben nach unten wie auch von unten nach oben errichtet. Rudolf Steiner sagt von dem Stiftungsaugenblick der christlichen Kirche:

> »Damit beginnt diese Szene des sogenannten Petrus-Bekenntnisses für die, welche anfangen zu verstehen, einen unendlich tiefen Sinn zu haben. Es ist die Stiftung der auf die Ich-Natur gebauten Menschheit der Zukunft.«[5]

Gemeindebildung von unten entsteht durch Menschen, die sich zu gemeinsamem sakramentalen Handeln verbinden. Sie einen sich zur Sakramentsgemeinschaft. Die Gemeindebildung von oben her geschieht durch das Wesen, dem die Gemeinschaft dient. Christengemeinschaft ist nur dank der Christusgemeinschaft, der Gemeinschaft mit Christus möglich. Wieder sei eine Schilderung Rudolf Steiners herangezogen:

»Vereinigung bedeutet die Möglichkeit, daß ein höheres Wesen durch die vereinigten Glieder sich ausdrückt. Das ist ein allgemeines Prinzip in allem Leben. Fünf Menschen, die zusammen sind, harmonisch miteinander denken und fühlen, sind mehr als 1 + 1 + 1 + 1 + 1. Sie sind nicht bloß die Summe aus den Fünf, ebensowenig wie unser Körper die Summe aus den fünf Sinnen ist, sondern das Zusammenleben, das Ineinanderleben der Zellen des menschlichen Körpers. Seine neue höhere Wesenheit ist mitten unter den Fünfen, ja schon unter Zweien oder Dreien.«

> »Wo Zwei oder Drei in meinem Namen vereint sind, da bin ich mitten unter ihnen.«

»Es ist nicht der eine und der andere und der dritte, sondern etwas ganz Neues, was durch die Vereinigung entsteht. Aber es entsteht nur, wenn der Einzelne in dem anderen lebt, wenn der Einzelne seine Kraft nicht bloß aus sich selbst, sondern auch aus dem anderen schöpft. Das kann aber nur geschehen, wenn er selbstlos im anderen lebt. So sind die menschlichen Vereinigungen die geheimnisvollen Stätten, in welche sich höhere geistige Wesenheiten herniedersenken, um durch die einzelnen Menschen zu wirken, wie die Seele durch die Glieder des Körpers wirkt. …

Sehen kann man den Geist nicht, der in einer Vereinigung wirkt, aber da ist er, und er ist da durch die Bruderliebe der in dieser Vereinigung wirkenden Persönlichkeiten. … Geben wir uns in der Bruderschaft auf, so ist dieses Aufgeben, dieses Aufgehen in der Gesamtheit eine Stählung, eine Kräftigung unserer Organe. Wenn wir dann als Mitglied einer solchen Gemeinschaft handeln oder reden, so handelt oder redet in uns nicht die einzelne Seele, sondern der Geist der Gemeinschaft. Das ist das Geheimnis des Fortschritts der zukünftigen Menschheit, aus Gemeinschaften heraus zu wirken.«[6]

Eine Gemeinde ist damit letztlich und im Sinne, wie es schon Paulus wegweisend erkannt hat, die Lebensleiblichkeit des Auferstandenen. Wie sollte ein Engel wirken, wenn sich ihm nicht eine ausführende Menschenhand zur Verfügung stellt? Wie kann Christus unter Menschen auf Erden wirken, wenn es nicht Gemeinschaften gibt, deren Glieder ihn in sich fühlen und die zur christlichen Kirche vereinigt sind und für ihn handeln?

Hat sich einmal eine Gemeinde gebildet, dann lebt sie sich in ihr Aufgabenfeld ein. Sie wird die Substanz, die sie sich durch gemeinsames Beten am Altar erringt, nicht nur für sich, sondern für die Welt und die Mitmenschen einsetzen wollen. Wenn es sich um die Seele eines neugeborenen Kindes handelt, dann empfindet sie sich als Taufgemeinde und aufgerufen, einen Teil ihrer Ideale und ihrer Aufgaben im Taufen zu erblicken.

Was kann eine Taufgemeinde tun? Der erste Teil der Aufgabe liegt darin, Taufen überhaupt möglich zu machen, das heißt: Sie sorgt für eine Kirche, sie errichtet einen Altar, sie sorgt für alles, was zum Vollzug eines Taufsakramentes nötig ist. Darüberhinaus ermöglicht sie einer Priesterin oder einem Priester die Existenz, damit im Zusammenwirken von Priester und Gemeinde das religiöse Leben möglich wird. Dieser Teil der Aufgabe ist schon erfüllt, bevor die konkrete einzelne Taufe geschieht. Sie setzt eine Anspannung aller Kräfte voraus, damit ein würdiger Vollzug des Sakramentes – aller Sakramente – möglich ist. Eltern und Paten sollten ein Bewußtsein dafür haben, daß sie alles einer konkreten Gemeinde verdanken, die gewirkt hat, bevor die Taufe beginnt.

Der weitere Aspekt ihrer Aufgabe liegt darin, junge Eltern anzuregen, am Leben der Gemeinde teilzunehmen. Kinder verlangen heute oft nach der Taufe. Kinderseelen bekehren geradezu die Herzen ihrer Eltern. So wird eine Gemeinde versuchen, junge Eltern zu versammeln, einen Erfahrungsaustausch über die Taufe, die christliche Elternschaft, die Patenschaft oder auch das erste Kindheitsalter zu pflegen. Das Schicksalsnetz, in dem sich Eltern wechselseitig kennenlernen und fördern, das Einleben in die Gemeinde, bis eine bewußte Mitgliedschaft in der Gemeinde erreicht wird, bildet ebenso das Vorfeld der Taufe.

In der Taufe werden die Eltern weniger in ihrer Eigenschaft als Vater und Mutter angesprochen. Sie sind Glieder der Taufgemeinde und übernehmen ja von der Taufe an die Aufgabe, für die Fortsetzung des Sakramentes zu sorgen, diese zu pflegen und die Seele des Kindes weiter in das Christenleben zu leiten. Ein weiterer Gesichtspunkt für das Wesen und die Aufgabe der Taufgemeinde wird durch den Vollzug des Sakramentes selbst deutlich.

Für das Zeitbewußtsein ungewöhnlich ist die Aussage des einleitenden Gebets des Priesters: Die Seele entstammt der vorgeburtlichen Welt. Sie war geistig da, bevor sie dank des leiblichen Zeugens und Empfangens der Eltern ihren Erdenweg begann. Sie befand sich in der Gemeinschaft ungeborener Seelen. Das größte Bild der Menschheit, die Sixtinische Madonna Raffaels (1484–1520), heute in der Gemäldegalerie in Dresden, zeigt wunderbar dieses Motiv. Der grüne Vorhang, der Sinneswelt und Geisteswelt voneinander trennt, ist zur Seite gezogen. Die Mutter Maria schreitet aus der Wolkenwelt heraus unmittelbar auf den Betrachter und die betende Gemeinde zu. Sie trägt auf ihrem Arm ihr Kind, *das Kind.* Sie hat es empfangen und trägt es nun aus einer Sphäre engelartiger ungeborener Kinderseelen hervor. Zahllos bevölkern die Köpfchen das Wolkenreich.

Die Gemeinschaft ungeborener Seelen in der geistigen Welt und die Seelengemeinschaft derer, die sich zur Taufgemeinde vereinen, um auf Erden eine Seele willkommen zu heißen, berühren und begegnen einander. Der Vorhang ist bei der Taufe zur Seite gezogen. Das Mysterium der wahren Herkunft des Menschen enthüllt sich und wird offen anschaubar.

Dann hört die Gemeinde, indem der Priester sich jetzt an sie wendet, ihre Aufgabe. Sie soll in der Taufe die Seele empfangen. Was die Mutter bereits leiblich vollzogen hat, wird Aufgabe der Gemeinde als Repräsentanz der Christenheit. Aus der Über-Zeugung der Christen soll die Seele in der Gemeinschaft empfangen werden. Das setzt einmal voraus, daß die Gemeinde auch wirklich da ist und an dem Sakrament teilnimmt. Zum anderen übernimmt sie die Aufgabe, gemeinsam mit Eltern und Paten diese Seele zu tragen, insofern es um ihre Christwerdung geht, bis diese aus eigener Kraft ihre Lebensschritte gehen kann.

Die anwesende Gemeinde Jesu Christi ist zugleich das Ziel dieser Tragebereitschaft und Tragehilfe.

Wie das Bild Raffaels die tragende, auf ein Ziel zugehende Mutter zeigt, trägt die ecclesia, die christliche Gemeinschaft, das Kind. Vieles wird auf dem Weg zum vollen Erdenbürger hemmend im Wege stehen. So wie kein Kind aufrecht stehen, gehen und sprechen lernt, wenn es nicht um sich herum stehende, gehende und sprechende Menschen wahrnimmt und hört und auf dem Wege der Nachahmung sich deren Fähigkeiten einverleibt, so ist die Christwerdung des Kindes nur möglich, wenn es wahrnehmen und erleben darf, wie Christen als Glieder einer Gemeinde am Altar stehen, beten, Feste des Jahres gestalten etc. Die Seele des Kindes soll einen offenen Weg zum Geist finden können. Vor der Geburt war er ihr heimatlich vertraut. Auf Erden wird er nicht von selbst gefunden. Für den ersten Lebensabschnitt bedarf es der tätigen Förderung und Hilfe der Erwachsenen. In ihnen und durch sie hindurch möchte das Kind die geistige Offenheit und die Menschenliebe erleben, die es heimatliche Luft atmen läßt.

In der Taufe leuchtet vor der Taufgemeinde die göttliche Bestimmung des Menschen auf. Aber nicht nur abstrakt und allgemein, sondern konkret über diesem Kind. Was darf nun alles an Förderung und Erziehung geschehen, damit sich das, was Gott in das Herz dieses Menschen gelegt hat, entfalten kann? Man lausche doch nur zehn stille Minuten über einem schlafenden Kind, um seine Herkunft und sein Ziel zu ahnen.

Friedrich Hebbel (1813–1863) gibt dieser Empfindung in dem Gedicht »Auf ein schlummerndes Kind« Ausdruck:

Wenn ich, o Kindlein, vor dir stehe,
Wenn ich im Traum dich lächeln sehe,
Wenn du erglühst so wunderbar,
Da ahne ich mit süssem Grauen:
Dürft' ich in deine Träume schauen,
So wär' mir alles, alles klar!

Dir ist die Erde noch verschlossen,
Du hast noch keine Lust genossen,
noch ist kein Glück, was du empfingst;
Wie könntest du so süß denn träumen,
Wenn du nicht noch in jenen Räumen,
Woher du kamest, dich erging'st?

Eine Gemeinde, die sich zur Taufgemeinde schart und bildet, wird Unendliches in der Zukunft leisten können. Sie wird durch das Beten in der Weihehandlung die ungeborenen Seelen – wie auch die Verstorbenen – in der Nähe geistig fühlen lernen. Sie wird bei der Taufe die ganze Substanz, die sie im Rhythmus erübt, erbildet und erbeten hat, auf das Kind überströmen lassen im Mitvollzug des Sakramentes. Sie wird sich später durch Familienhilfe, Kinderfeste und anderes engagieren, das erste Jahrsiebt der Kindheit mit christlichen Vorzeichen zu versehen. Kurz: Für neue Ideen, neue Einfälle, neue Formen ist ein weites Feld für initiative Menschen gegeben.

Das Amt der Paten

Das Wort »Pate« geht auf das Lateinische zurück. In der Kirchensprache war der »Pater spiritualis« der geistliche Vater. Dieses sollte darauf hinweisen, daß ein verwandtschaftlich nahes Verhältnis nicht nur durch das Blut entsteht, sondern auch dank der spirituellen, der geistigen Beziehung von Mensch zu Mensch. Im Englischen spricht man noch heute von godparents, das bedeutet Eltern an Gottes Statt. Eltern also, die für die Beziehung der Seele zu Gott stehen oder auch durch Gott, also von oben her, ihr Verhältnis zu einem Kinde haben. Auch der Schweizer spricht mit der Bezeichnung Götti und Gotte von der Gottesbeziehung, die ein Täufling durch seine Paten gewiesen bekommt. In manchen Gegenden Deutschlands spricht man von der Taufmutter und dem Taufvater.

Was aber ist die Aufgabe der Paten? Sie werden im Ritual der Taufe neu bezeichnet und »Wächter« genannt. In der Benennung klingt das »Wachen für« und das »schützende Bewachen« an. Was ist also zunächst Aufgabe? Doch wohl dies: helfendes Wachen, das heißt, dem Kind sein Bewußtsein zu schenken. Der Pate nimmt an der Taufe teil und sollte dabei auch nicht von einem anderen vertreten werden. Er nimmt ganz wach auf, was durch das Sakrament ausgesprochen wird und geschieht. Zu beiden Seiten des Kindes stehen die Paten – wachsam und wachend.

Wir können das allmähliche Wachsen eines Kindes unter dem Gesichtspunkt des Schlafens und Wachens anschauen. Das neugeborene Kind schläft viel und wacht wenig. Mit seiner Seele ist es meist noch drüben in der anderen Welt. Erst langsam und allmählich erblickt es das Licht dieser Welt. Ja, man hat manchmal den Eindruck, es sei auch schmerzlich, die Augen für diese Welt zu öffnen. Im Schlafe spiegelt das kleine Antlitz noch die Seligkeit, die es in der Bilderwelt des Traumes durchlebt. Dann nehmen mit dem Älterwerden die Zeiten des Wachseins zu und die Schlafenszeiten ab. Die ersten Augenblicke des hellen Wachens treten auf. Doch je wacher und beweglicher das Kind wird, um so mehr braucht es die schützende Gebärde des Be-Wachens. Später, bei den ersten Gängen über die Straßen der Stadt, darf es keinen Augenblick aus den Augen gelassen werden.

Der Pate wird nur selten den Eltern dieses schützende Wachen unmittelbar abnehmen können. Er wird jedoch seine Gedanken, sein Gebet, seine Wachheit zu seinem Patenkinde hin orientieren können. Wer ein Vaterunser spricht, tut gut daran, in das »Unser« die Seelen einzubeziehen, an die er denkt und mit denen er verbunden ist. Darüber hinaus wird er über dem Lebensweg des Kindes zu wachen suchen. Alle wichtigen Schritte kann er mit Interesse begleiten und sich beratend mit den Eltern austauschen. Kurz: Er wacht über dem Kind – er wacht für das Kind.

Die Aufgabe wird nur dann Gewicht und Dauer haben, wenn er sich frei in sie hereinstellt. Bitten Eltern einen Menschen um das Patenamt, dann sollten sie einen freien Entschluß bejahen und damit ein Nein, eine Ablehnung für möglich halten. Eine Bedenkzeit nach der Frage und Bitte ist anzuraten. Hat der Pate sein Ja-Wort zu der Aufgabe gegeben, dann ist es nicht so schwer, die Zuneigung und das Vertrauen eines Kindes zu erwerben. Aus der vorgeburtlichen Welt bringt es die Liebe zu den Menschen mit. Erst später wird diese Kraft durch Erfahrung und Täuschung abnehmen oder verdrängt werden. Bringt der Pate sein Herz ein, dann ist ihm das Herz des Kindes auch offen. Aber er wird die Beziehung bewußt pflegen müssen, damit nicht allmählich schwindet, was am Tage der Taufe noch ganz lebendig und wach war. Wachheit, Herz und Wille können dann, je größer und älter das Kind wird, mitwachsen und zunehmen. Schon der Neun- oder Zwölfjährige braucht einen erfahrenen, älteren und vertrauten Menschen, mit dem er seine Kinderfragen, Sorgen und Nöte besprechen kann.

Das Sakrament spricht noch eine weitere Qualität an. Es zielt auf die Kraft des Opfers und damit die Fähigkeit, wirklich etwas einzusetzen und zu geben. Solange Freundschaft und Sympathie das Zusammenleben der Familie mit dem Paten bestimmen, ist es eine schöne und leichte Aufgabe. Schwer wird es erst, wenn gegen Widerstände des Lebens oder Hürden des Verständnisses angegangen werden muß. Manchmal muß sogar die freie Beziehung zu dem Kind überhaupt nur geistig gepflegt werden, weil die menschlichen Schwierigkeiten zu groß geworden sind.

Beziehungen von Menschen zueinander können im Egoismus des Einzelnen wurzeln. Sie können auch Ausdruck der Liebe zueinander sein. Sie steigern sich bis zum Opfer hin, das einer für den anderen bringt. Die Beziehungen des Christus zu den Christen haben ihren Anfang in seinem Opfer genommen. Die Beziehungen der Christen zueinander schließen das mögliche Opfer ein. Die »Eltern an Gottes Statt«, die Paten, brauchen Herz und ihre Bereitschaft zum Opfer. Die Intention des Amtes wird im Ritual ausgedrückt: Die Paten sollen eine führende Verantwortung für die Seele des Täuflings innerhalb der Gemeinde des Christus Jesus übernehmen.

Wer kann Pate werden? Im Grunde setzt die Taufe voraus, daß der Pate in der Gemeinde des Christus Jesus lebt, ihr zugehörig ist und schon Erfahrungen errungen hat, die er an einen Jüngeren weitergeben kann. Das Kind lernt durch Nachahmung. Wenn ihm durch ein Vorbild vorgeahmt wird, was es nachahmen kann und damit ganz selbstverständlich lernt, kann die erste lernintensive Kindheit zum Besten genutzt werden. Lebt der Pate selbst Religion dar, hat er ein lebendiges und tätiges Verhältnis zur Gemeinde, dann wird er schon durch diese Tatsache für das Kind etwas bewirken. Das eigene kindhafte Christwerden entzündet sich an der Führungskraft eines Christen, der sich aus der Zugehörigkeit zur Gemeinde des Christus die Möglichkeit schöpft, eine Seele zu weisen und zu führen.

Wer kann demnach Pate werden? Neben der nahen und freundschaftlichen Beziehung zu den Eltern kommt es also entscheidend auf die christliche Eignung an. Eine Gesinnung des Herzens und eine Willensbereitschaft zum Opfer verbindet sich mit dem Leben in der Gemeinde und damit der Fähigkeit, in ihr und in sie hineinzuführen.

Das Kind hat durch seine Eltern natürliche Verwandte: Geschwister, Großeltern, Tanten, Onkel undsofort. Durch die Taufe werden zusätzlich neue Verwandtschaften begründet. Goethe nannte sie die »Wahl-Verwandtschaft«. Mit der Patenwahl werden neue Bande geknüpft. So ist es ein Ideal, nicht einfach nur Paten aus dem Verwandtenkreis zu wählen, sondern zu den Familienbanden hinzu ein neues Beziehungsfeld zu suchen. Damit wird das Leben reicher. Die Einrichtung des Patenamtes trägt aber auch der Lebenserfahrung Rechnung, daß die Zeit des Älterwerdens und Heranwachsens auf dem Weg zu sich selbst eine erste Distanzierung zu der eigenen Familie bringen wird. Ist der Pate leiblich nicht verwandt, vermag er umso näher zu stehen und zu helfen.

Das Lebensalter des Paten entspricht sinnvollerweise etwa dem der Eltern. Ist der Pate jung, vermag er lange sein Amt zu pflegen und das Kind durch viele Jahre hindurch zu begleiten. Was ist schöner, als einem jungen Christen durch Antragen eines solchen Amtes Vertrauen entgegenzubringen und eine Beziehung zu stiften, die rein aus der Einsicht und der freien Tat geboren ist? Für sie gibt es kein »Muß«, sondern nur ein freies »Ich-will«.

Wie viele Paten gibt es? Das Urbild der Eltern weist auf die Zweiheit hin. Wie es keinen Menschen auf Erden gibt, der nicht einen Vater und eine Mutter hat, so sollten die Paten dieses Paar ergänzen – die »Eltern an Gottes Statt«. In der katholischen Kirche gibt es üblicherweise nur einen Paten,[7] der aber unseres Erachtens für zwei Jahrzehnte der Begleitung eines Kindes zu einseitig wäre. Zwei Paten können mit den Eltern gemeinsam einen Kreis um das Kind bilden, der objektiv genug, aber doch auch so klein ist, daß er im Leben durchgetragen werden kann. Sind es mehr Paten, dann stellt sich die Frage, ob dies wirklich zu einem »Mehr« wird, denn die Seele des Kindes braucht klare und eindeutige Bezugspersonen. Zwei Paten können wirklich zusammenwirken und sich zu den Eltern gesellen. Für das Kind ist die Konstellation überschaubar. Die Verantwortung wird nicht unter vielen geteilt, sondern von zweien wirklich getragen und erfüllt.

Vom Wesen des Namens

Jeder Mensch trägt einen Namen, und jeder verbindet mit dem Namen seine Einmaligkeit, das Besondere, das Nichtwiederholbare. Wenn schon die Prägekraft des Geistes so stark ist, daß die Linien auf einem Daumen oder die Gestalt eines Ohrläppchens einmalig unter den Menschen sind, so erscheint im Namen erst recht die Einzigartigkeit des einzelnen Menschen, auch wenn natürlich viele Menschen den gleichen Namen tragen.

Gemeinsames Zeichen aller Kultur ist es, Namen zu geben, Namen zu tragen und sogar dem Namen einen besonderen Schutz zu gewähren. Kultur, Sitte und Recht schützen den Namen. Jeder kann nur in eigenem Namen verantwortlich zeichnen und handeln. Hat ein Mensch das Alter der Mündigkeit erreicht, dann spricht er, folgen wir dem Bild unserer Muttersprache, mit »seinem Mund« und handelt im eigenen Namen. Nur für das Kind vor der Mündigkeit handeln Eltern stellvertretend. Ist mit dem 18. Geburtstag die Mündigkeit erreicht, müssen sehr schwerwiegende Gründe, z.B. Geistesverwirrung, vorliegen, um den Menschen zu entmündigen, so daß wieder ein anderer für ihn, das heißt in fremdem Namen handeln darf.

Über die Menschenwelt hinaus tragen auch Tiere einen Namen. Dieser benennt jedoch nicht das einmalige und individuelle Wesen, sondern das Exemplar der Art. Der »Elefant«, die »Giraffe« steht für die ganze Elefantengattung oder Giraffenart. Lediglich bei den Haustieren, die im Umkreis und der Nähe des Menschen leben, treten Namen auf – im Kuhstall etwa die Susi und Alma, bei den Hunden je nach Herrchen oder Frauchen...

Die Pflanzen und Mineralien haben ebenfalls Namen bekommen. Der »Enzian« oder das »Maiglöckchen« benennt wieder eine ganze Art von Pflanzen. Der Name hilft uns bei der Unterscheidung und Bestimmung. Ein Teil der Namen entstammt der tiefen Geistigkeit einer Sprache, ein anderer Teil heutiger Namen ist ausgedacht und von Menschen gegeben. Ja vielleicht wird sogar der Name eines Menschen, der Entdecker einer Pflanze war, derselben auferlegt.

Sind nun Namen bloß Bezeichnungen, die allein der Unterscheidung dienen – oder klingt im Namen etwas vom Wesen des Benannten auf? Beim Namen einer Persönlichkeit oder auch beim eigenen Namen ist am deutlichsten fühlbar, welch enge Beziehung zwischen Namen und Wesen besteht. Die Bedeutung des Inhaltes und der Lautcharakter haben viel mit dem Träger des Namens zu tun. Ist er richtig gewählt, dann wird in ihm der geistige Kern, das Ich einer Persönlichkeit offenbar. Wird er ausgesprochen, dann wird am Klang der Vokale und Konsonanten sowie in der ganzen Fügung des Wortes etwas vom unsichtbaren Wesen einer Person hörbar. Nicht umsonst reagiert ein kleines Kind unmittelbar, wenn es beim Namen gerufen wird.

So spielt im Alten und Neuen Testament der Name eine bedeutsame Rolle. Schon im Paradies wird der Urmensch mit der Fähigkeit begabt, alle entscheidenden Wesen der Schöpfung beim Namen zu nennen (1. Buch Mose 2, 10). Er gibt an die Schöpfung weiter, was er selbst mit seinem

Namen Adam – der Erdenmensch, der von *Adam* (Erde) Genommene (1. Mose 3, 19) und Eva – Lebensspenderin, Mutter aller Lebendigen (1. Mose 3, 20) – von Gott empfangen hat und wie er selbst beim Namen gerufen wird: »Adam, wo bist Du?« (1. Mose 3, 9).

Demnach ist mit dem Namen das Wesen unmittelbar verbunden. Mit seinem Aussprechen wird auch das Wesen »zitiert«. Den Namen zu wissen und zu sprechen, verleiht geradezu magischen oder gar bannenden Einfluß. Hinter dem Namen des Menschen taucht damit das Geheimnis des Gottesnamens auf. Er ist ursprünglich unaussprechlich und noch ganz hinter dem Schleier des Mysteriums verborgen. Im alten Ägypten wurde mit dem Tod bestraft, wer den Gottesnamen aussprach. Das Gesetz des Moses gebietet:

> »Du sollst den Namen des Herrn, Deines Gottes, nicht mißbrauchen.« (2. Mose 20, 7)

So hoch über dem Menschen thronend wurde die unnahbare Gottheit geahnt und gefühlt, daß niemand wagte, sie anzusprechen. Ehrfürchtige Schauer und tiefe Ergebenheit ließen die Lippen geschlossen. Selbst im Gebet blieb der Name ungenannt. Später offenbart der Gott der Hebräer seinen Namen. In dem Berufungserlebnis wagt Moses die Gottheit zu fragen:

> »Siehe, wenn ich zu den Kindern Israels komme und spreche zu ihnen: Der Gott Eurer Väter hat mich zu Euch gesandt! Und sie mir dann sagen werden: Wie ist sein Name? Was soll ich ihnen sagen? –
> Gott sprach zu Moses:
> ›Ich bin, der ich bin‹ – (oder ›Ich werde sein, der ich sein werde‹).« (2. Mose 3, 13–14)

Das Geheimnis des Gottes des Ich-Bin, der in der Zukunft sein wird, offenbart sich dem Führer des jüdischen Volkes. Als Jesus Christus im Neuen Testament siebenfach die Ich-Bin-Worte spricht, die Friedrich Rittelmeyer erstmalig in ihrer tiefen Bedeutung gewürdigt hat,[8] offenbart sich das Geheimnis des Gottes des Ich-Bin. Als dann in der Bergpredigt das Vaterunser als das Gebet der Christenheit gestiftet wird, ist eine der Bitten die Heiligung des Namens: »Dein Name werde geheiligt«. In Jesus Christus wird der Name des ureinen und dreifaltigen Gottes offenbar. Wer seinen Namen nennt, ruft ihn an.

So wird durch Christus der Name des Menschen, der ichhaften Person, mit dem Namen Gottes verbunden, der über und dann in ihm selbst aufleuchtet. Früh schon klingt in der Schrift des Alten Bundes der zukünftige und christliche Ton auf:

> »Fürchte Dich nicht, ich habe Dich erlöst, ich habe Dich bei Deinem Namen gerufen, Du bist mein.« (Jesaja 43,1)

Das ist die Sprache des Christus. Bei dem Gleichnis vom Guten Hirten im zehnten Kapitel des Johannes-Evangeliums heißt es: »... die Schafe hören seine Stimme, und er ruft seine Schafe mit Namen und führt sie aus...«

Das letzte Buch des Neuen Testaments, die Offenbarung des Johannes, weist dann ausdrücklich auf die Zukunft:

> »Ich werde seinen (des Menschen) Namen nicht austilgen aus dem Buch des Lebens...« (3,5)

Zur Namensfindung

Wird in der Taufe der Name gegeben, dann wird er damit in das Buch des Lebens eingeschrieben. Von den Eltern gesucht und gefunden, mit dem Priester in der Vorbereitung besprochen, wird er in der Mitte des Sakramentes zum ersten Mal vor Gott und der Taufgemeinde ausgesprochen. Er ist damit geheiligt. Von nun an begleitet er den Menschen sein ganzes Leben bis zum Tod, ja weit über den Tod hinaus.

Wie finden nun Eltern den rechten Namen? Das Neue Testament berichtet uns zwei entscheidende Begebenheiten, die für das Finden des Namens und die Namensgebung eine Richtung weisen können. Sie sind beide im Evangelium des Lukas im ersten Kapitel zu finden.

Die eine ist die Ankündigung der Geburt des Johannes, die der Vater Zacharias erfährt. Dieser ist ein älterer Priester, der mit Elisabeth verheiratet ist, die aus dem Geschlecht des Hohenpriesters Aaron stammt. Sie waren beide fromm, ein Kind war ihnen bislang versagt. Während Zacharias seinen Dienst im Tempel zur heiligen Räucherung vollbringt, war die Gemeinde draußen zum Gebet versammelt.

> »Es erschien ihm aber ein Engel des Herrn und stand zur rechten Hand am Räucheraltar. Und als Zacharias ihn sah, erschrak er, und es kam ihn eine Furcht an. Aber der Engel sprach zu ihm: Fürchte Dich nicht, Zacha-

rias, denn Dein Gebet ist erhört und Dein Weib Elisabeth wird Dir einen Sohn gebären, des Namen sollst Du Johannes heißen.« (Lk 1, 11–15)

Zur Rechten am Altar erscheint der Engel. Die Rechte ist die Seite, an der auch heute bei der Menschenweihehandlung die Opferung vollzogen wird. Da handelt der Mensch. Sein Tun und sein Opfer verbindet sich dem Opfer Gottes.

Aus dem Fortgang wird deutlich, daß die Sehnsucht und Hoffnung der Eltern auf ein Kind gerichtet und Inhalt des Gebetes war, das Zacharias zu Gott sprach. Nun ist es erhört. Der Engel Gabriel (»Gott ist stark«) kündigt ihm die Geburt eines Sohnes an und bringt zugleich den Namen Johannes (»Der Herr ist gnädig«, zu deutsch »Gotthold«) mit. Durch Gabriel, aus der Welt der Engel, die auch die Welt der ungeborenen Seelen ist, wird die Geburt verheißen. Der Name wird durch den Boten Gottes genannt und von den Eltern empfangen. Die Verwandtschaft will den Sohn nach dem Vater und damit nach dem Erbstrom nennen. Der Engel jedoch blickt auf die Individualität und nennt mit dem Namen nicht nur die geistige Herkunft, sondern auch die Berufung und Bestimmung für dieses Erdenleben. Zacharias (»Der Herr gedenkt seiner«) und Elisabeth (»Die Gottgeweihte«) stehen damit an der Wende der Zeit. Nicht mehr der Name der Vorfahren ist entscheidend, sondern der Name der einzelnen Persönlichkeit und ihrer geistigen Bestimmung.

Was sagt dieser Bericht im Hinblick auf unser Thema der Namensfindung? Am Altar können sich der Vater und die Mutter mit der Frage an die geistige Welt wenden, wer das Kind sei, das sich nach den ersten Wochen der Schwangerschaft nun auch bewußt ankündigt. Wird diese Frage in das Beten einbezogen, dann kann das Gebet auch erhört werden. Günstig mag es sein, sich am Vorabend vor einer Menschenweihehandlung innig mit dem Wesen des nahenden Kindes fragend zu verbinden und in der Stille der Vorbereitung unmittelbar in den Minuten vor der Handlung noch einmal diese Frage zu erwecken. Das kann dazu führen, daß der Name während der Opferhandlung ohne Zusammenhang mit ihr erfahren wird. Aus der Praxis der Seelsorge vermag ich diesen Vorgang, dessen Urbild im Evangelium enthalten ist, zu bestätigen.

Die zweite Szene ist die Verkündigung an Maria (Lk 1, 26–37). Wer in Maria das Urbild der Jungfrau, Frau und Mutter sieht, dem erscheint es nicht als vermessen, auch diese Ankündigung der Geburt als ein menschliches Ideal schlechthin zu sehen. Der Engel Gabriel tritt hier im Innenraum des Herzens auf, in der Kammer, von der bei der Stiftung des Vaterunsers gesprochen wird (Mt 6, 6). Während bei Zacharias der Altar und die versammelte Gemeinde mit ihrem Priester es sind, die den Raum schaffen, in dem der Engel zu ihm sprechen kann, spricht nun der Engel im Innenraum menschlicher Erfahrung zur betenden Maria. Mit der Verheißung der Geburt eines Sohnes wird wiederum der Name gegeben: Jesus – der »Heilbringer« – »Heiland«.

Eine werdende Mutter, die weiß, daß sie empfangen hat, kann die Frage nach dem Wesen ihres Kindes in ihr Gebet einbeziehen. Sie stellt einfach vor dem Gebet, wenn sie bewußt in die Kammer des Herzens eintritt und die Tore der Sinne schließt, die Frage nach dem Kind. Das Gebet wird so eine mögliche Quelle der Namensfindung.

Beide Erfahrungsmöglichkeiten – mitten in der Gemeinde am Altar und mitten im Herzen, wenn der Betende ganz allein ist – können heute wieder geübt und gepflegt werden.

Darüberhinaus ist das elterliche Gespräch und die Pflege der gemeinsamen Erwartung des Kindes eine günstige seelische Umgebung dafür, daß sich der rechte Name einstellt und finden läßt. Lehrt doch der Bericht von Zacharias, der neun Monate bis zur Geburt des Täufers verstummt, daß es auch eine Art »Schwangerschaft« für den Vater gibt und das Warten auf ein Kind gemeinsame Aufgabe der Eltern ist.

Das Gespräch und der Austausch, die Lektüre guter Bücher, das Beschäftigen mit Biographien wichtiger Persönlichkeiten, vor allen Dingen auch das Leben mit dem Evangelium – kurz, Mannigfaches kann entwickelt und frei gestaltet werden, das den angemessenen Namen finden läßt. Es ist ein gutes Zeichen, wenn er nicht ausgedacht, sondern »empfangen« ist, wenn er sich zur rechten Zeit einstellt und ergibt.

Die Namensgebung

Nun zum Namen des Kindes selbst. Als man Rudolf Steiner seinerzeit um Rat fragte, sprach er aus, was sich in der Namensfrage im christlichen Kulturkeis schon herausgebildet hatte. Er riet zu einem dreifachen Namen – dem Familiennamen mit zwei Vornamen.

Der Nachname benennt die Familie. Er sagt aus, welchen Namen die Eltern oder auch ein Elternteil haben. Damit benennt er die leibliche Herkunft und den verwandtschaftlichen Zusammenhang, aus dem das Kind stammt. Er weist damit zurück in die Vergangenheit und ist der eigentliche Familienname, der den einzelnen in seinen Blutszusammenhang einordnet.

Anders ist es mit dem Eigennamen. Der eine der beiden Vornamen sollte aus dem Sprachgebrauch und der Kulturgemeinschaft stammen, in die hinein ein Kind geboren wird. Wer deutsch als Muttersprache spricht und in Deutschland, Österreich oder der Schweiz geboren wird, wird doch dadurch wohl auch für sein Leben wichtiges und Bestimmendes mit auf den Weg bekommen. Sein Werden und sein Schicksal sind mitbestimmt durch diesen Sprach- und Kulturzusammenhang.

Der zweite Vorname, den der Engländer »Christian name« nennt, sollte die Zugehörigkeit zur Christenheit nennen. Er ist der eigentliche Taufname. Bis an die Schwelle des 20. Jahrhunderts wurde einfach der Name des Heiligen gegeben, der am Geburtstag eines Kindes im

Kalender als Heiliger des Tages genannt war. Heute wird das Suchen und Finden des Namens individueller sein dürfen. Ein Handbuch der Namen kann bei der Klärung hilfreich sein.[9]

Bei der Namenssuche achte man aber nicht nur auf die Bedeutung eines Namens. Dieser wird ja meist gesprochen, seltener geschrieben. Der Klang und damit die Lautfolge sind ein wichtiges Element. Wie klingt ein Name? Wie tönt ein Name? Wie lautet ein Name? Welche Konsonanten und Vokale bilden den Namen und wie klingt die Zweiheit des Vornamens zusammen? Welcher Dreiklang im Ganzen ergibt sich?

Jesus Christus hatte den Aposteln nach seiner Auferstehung den Auftrag erteilt:

> »Gehet hin und machet zu Jüngern alle Völker, taufet sie im Namen des Vaters, des Sohnes und des Heiligen Geistes.«

Im griechischen Text heißt es mit dem Akkusativ (Einzahl): »In den Namen«.

Der dreifache christliche Gottesname, – der Name der göttlichen Dreieinigkeit[10] und der dreifache menschliche Name werden in der Taufe miteinander verbunden. Der Name eines Christen bezeichnet auch eine Beziehung zu Christus. Das Taufen war und ist wie das Eintauchen eines menschlichen Namens in den göttlichen Namen. Der Gottesname gibt sein Wesen, seine Kraft, seinen Segen und läßt ihn durch das Sakrament mit dem Namen eines Menschen verbinden.

Von der Pflege des Namens

Die Namensgebung in der Mitte der Taufe ist zugleich die erste Anrede. Der Priester als der Träger des Gemeindegeistes fühlt sich im Zusammenhang mit der Taufgemeinde und nennt erstmalig den vollen Namen. Von nun an wird das Kind bei diesem Namen gerufen und mit seinem Namen angesprochen. Noch ist das Kind unbewußt, und dennoch vermag der wache Beobachter wahrzunehmen, wie das angerufene Kindeswesen antwortet. Von nun an wird ja der Name zärtlich und voller Liebe, aber auch bald deutlich und mit gelegentlicher Strenge, wach und nüchtern im Gang des Alltags gesprochen. Bald wird das Kind reagieren. Es antwortet auf die An-Sprache. Der Name ruft es herbei. Es wendet den Kopf, strahlt die Mutter oder den Vater an und ist ganz da. Von außen dringen die Laute des Namens an sein Ohr, von innen antwortet die Seele. Immer neu und immer anders ruft der Name das Wesen hervor, das allmählich von Woche zu Woche, von Monat zu Monat mehr zu sich selbst kommt und erwacht.

Bald fühlen die Großen, welch kleines Wunder der Name erweckt. Durch das Antlitz des Säuglings und des werdenden Kindes leuchtet die kleine Persönlichkeit auf. Das kleine Ich durchdringt anfangsweise die Hülle seiner Leiblichkeit. Das unmittelbare Gegenüber ist zu spüren. Ich und Du treten in eine Beziehung zueinander und bilden das Wir. Wie ein Zauberstab erweckt die Nennung des

Namens das Ich, das noch über dem Kinde oder tief im Kinde wie verborgen ruht.

Bald bezieht es den Namen auf sich. Aber das Selbst ist noch ein Teil der Welt, so wie die große Zehe mit Interesse als ein Stück Welt wahrgenommen wird. Zwei, drei Jahre, entscheidende Jahre der ersten Kindheit, wird es dauern, bis das Kind auf die Anrede mit »Ich« antwortet. Zuvor sagt es dann oft »alleine«, denn der Wille zum Selberhandeln setzt schon früh ein. Doch das erste *Ich* ist ein heiliger Augenblick. Der Name und das benannte Wesen klingen zusammen. Die Ich-Werdung wird dem Kinde nun bewußt.

Alles Leiten und Erziehen einer Seele ist mit dem Namen verbunden. Beim Einschlafen wird mit dem Abendgebet der Name noch einmal in Liebe aufklingen. Beim Aufwachen am Morgen oder auch nach dem Mittagsschläfchen ruft die Anrede das Kind helfend ins Wachen herbei. Allmählich wächst es mit seinem Namen zusammen. Im Kindergarten oder später in der Schule werden die Erzieher die Pflege des Namens dem Lebensalter gemäß fortsetzen. Ein Lehrer ist gut beraten, wenn er sich so rasch wie möglich die Namen der Kinderschar aneignet. Ruft er sie einzeln beim Namen, dann hat er die Situation in der Hand. Wehe, wenn er nach dem Namen sucht oder mit »Du, da hinten!« einen Lachsturm hervorruft.

Werden Kosenamen gebraucht, dann sollte die bewußte Pflege des vollen Namens seinen besonderen Stellenwert beibehalten. An Sonn- und Feiertagen, beim Geburts- und Tauftag sowie bei sonstigen herausgehobenen Gelegenheiten kann der volle Name wichtig sein. Das Kind spürt, wie der Name genannt wird, wie er ausgesprochen wird, und reagiert entsprechend. Allmählich fühlt es die

Bedeutung des Namens und bildet dadurch eine Empfindung für die Würde der Persönlichkeit heraus. Seine Aufrichtekraft wird gestärkt. Die Christwerdung ist mit dem Taufnamen und der Stärkung des Ichs verbunden. Der Dreiklang des Namens und die Kraft des dreieinigen Namens der Gottheit, mit deren Segen getauft wird, klingen zusammen. Ja, der Name ist selbst aus dem Wort gebildet. Das Wort aber ist im tiefsten Sinne das Weltenwort, der Logos, durch den alles geworden ist, das entstanden ist (Jo 1,3). Aus dem Wort, aus dem Logos heraus, ist auch der Name jedes einzelnen Menschen gebildet. Der im Wort aufklingende Name des Einzelnen steht letztlich in einer Lebensbeziehung zu dem *Worte* selbst. Damit ist er der Würde und der Pflege wert.

Das Sakrament und der Leib

Die Taufe ist ein geistig-seelisch-leiblicher Vorgang. Sie zielt auf den Leib des Menschen und damit auf sein Erdenleben. Lange genug war das Kirchentum leibfeindlich und erdenfern. Die neue Taufe veranlagt ein christliches Verhältnis zur Leiblichkeit und zur Erde. Die Träger und Übermittler sind dabei die Substanzen, die beim Sakrament gebraucht werden. Es sind dies Wasser, Salz und Asche. Mit ihnen wird der Täufling nach der Spendung und Nennung des Namens berührt. Die Mutter oder eine Patin oder ein Pate hält das Kind über dem kleinen Taufaltar dem taufenden Priester entgegen. An drei Stellen wird dann das Kind leiblich getauft: an der Stirn, am Kinn und auf der Brust. Stirn und Kinn liegen frei, das Taufkleid wird vorn geöffnet, so daß die Brust für den Augenblick der Handlung frei liegt.

Warum Stirn, Kinn und Brust? Zunächst wird das Kind kopfbetont geboren. Bei gesunder Lage wird es auch kopfvoraus geboren. Beinchen und Füße, Arme und Hände sind noch eine liebenswerte Zutat, ein Anfang. Sie bilden sich erst allmählich in dem Maße aus, wie das Neugeborene auf Erden ankommt. Das Köpfchen ist jedoch voll ausgebildet. Der Schädel ist zwar oben noch unter der Haut offen, aber die Ausformung des Hauptes bis in die ganz charakteristischen Ohren, die Augen, die Nase und den Mund sind bereits auf eine in sich einmalige Weise entwickelt, ja, sie wirken geradezu am Anfang oft greisenhaft und künden von einer langen Herkunft. Das Haupt umschließt mit seiner Schädelkapsel das Gehirn und damit das Zentrum des Nerven- und Sinnessystems. Die Augen für das Sehen, die Ohren für das Hören, der Mund für das Schreien und spätere Sprechen sind Organe für die kleine Person und Zentrum des aufkeimenden Ichbewußtseins. Wer Geschwister großzieht, weiß, wie charakteristisch jedes einzelne Kind vom ersten Tag seines Lebens an ist. Mit dem Haupt »kapseln« wir uns am stärksten von Gott und der Welt ab. Wir entwickeln uns als Person zu ihrem Gegenüber. Auf der Stirn erfolgt die Taufe. Sie ist in der Dreigliederung des menschlichen Antlitzes von Stirn, Mitte und Kinn der Ort des Denkens (»Denkerstirn«) und spiegelt die Bewußtseinsfähigkeit wider. Wird die Stirn getauft, dann wird veranlagt, wie sich das Bewußtsein und damit das Denken des getauften Christen mit Welt und Gott bewußt wieder verbinden kann, gerade wenn die Herauslösung aus dem ursprünglichen lebendigen Zusammenhang durch das Tor der Geburt erfolgt ist. Die geistige Heimat soll innerhalb des Erdenlebens wiedergefunden und auch gedacht werden können.

Mund und Kinn bilden die untere Region des Antlitzes. Sie dient der Nahrungsaufnahme. Mit zahllosen Bewegungen des Unterkiefers trinkt sich das Kind an der Brust der Mutter in das Leben hinein. Unterkiefer und Kinn sind das erste leibliche Organ und Werkzeug der Willensverbindung mit der Erdenwelt. Am Kinn kann man später oft auch die Beschaffenheit des Willens ablesen. Der Mund vermag zunächst nur zu schreien. Aus dem Schrei bilden sich allmählich die Laute, aus den Lauten langsam die ersten Worte. Die Mutter spricht vor, das Kind taucht in die Sprache der Mutter ein – es lernt sprechen. Die Region des

Willens und das Organ des Sprechens werden getauft. Für die Christwerdung spielt die Fähigkeit und die Kraft des Willens eine wichtige Rolle, das Sprechen und das Wort des Menschen werden einmal zum Weltenwort finden können, wenn Gott als das Wort, das im Anfang war (Jo 1), erkannt wird.

Nach Stirn und Kinn folgt die Taufe des Herzens. Zart schlägt das kleine Herz unter der Haut des Kindes. Sie ist ein atmendes Sinnesorgan und nimmt tief auf, was ihr durch die Berührung zuteil wird. Das Zeichen des Kreuzes auf dem Herzen bewirkt den Anfang der Christwerdung, die ja eine Sache des Fühlens und Empfindens, eine Angelegenheit des Herzens ist. Das Herz ist das religiöse Organ des Menschen. Später wird im Sakrament der Menschenweihehandlung vom Herzen der Gemeinde gesprochen, dem sich das einzelne Herz verbindet, das sich mit dem Leben Christi erfüllen kann. Im natürlichen Leben können unser Herz und unser Fühlen auf Irrwege führen. Sentimentalität, bloßes Gefühl, flüchtige Neigungen des Herzens können uns, wenn sie nicht verbunden sind mit der Klarheit des Gedankens und der Stärke des Willens, in Lebensschwierigkeiten und Nöte führen. Wenn aber das Herzorgan der Liebe unter dem Vorzeichen des Kreuzes steht und damit die Gefühlswelt des Menschen getauft ist, dann wird ein Anschluß an das Wesen gesucht, von dem der erste Brief des Johannes sagt: »Gott ist die Liebe, und wer in der Liebe bleibt, der bleibt in Gott und Gott in ihm« (1. Jo 4, 16).

Stirn, Mund und Kinn, Brust werden leiblich, Denken, Wollen und Fühlen seelisch und damit die dreigliedrige Person, die Ganzheit des werdenden Menschen, dreifach getauft. Der Leib, der ganz auf Wachsen und Werden hin orientiert ist, von der Seele noch ganz durchdrungen, so daß sie sich in ihm erlebt und ihrer selbst bewußt wird, erfährt die sakramentale Berührung durch die Substanzen der Erde. Ein gesundes Kind wird den Leib mit Freude ergreifen und im Sinne des Wortes Rilkes in den Duineser Elegien »... Erde, Du liebe, ich will...«[11] mit Lust und Freude die Erde ergreifen.

Die Substanzen der Erde

Das Leben des Menschen beginnt durch das Aufnehmen von Substanzen der Erde. Auf vielfältige Weise eignet er sie sich durch Atmen, Trinken und Essen an; sie bauen seinen Körper auf und werden schließlich nach dem Prozeß des Stoffwechsels ausgeschieden.

Wenn die Christwerdung mit der Taufe ihren Anfang nimmt und sie ein reales Verhältnis zum Körper, zur Leiblichkeit und zur Erde einleiten soll, bedarf es dazu neben den geistigen und seelischen Elementen auch der Substanzen. Im neuen Sakrament werden drei Substanzen verwandt: das Wasser, das Salz und die Asche.

Das Wasser ist Element des Lebens, das Salz Element der Form, die Asche Substanz der Verbrennung und Erneuerung. Mit dem Wasser wird die Stirn des Täuflings getauft. Das Taufwasser netzt gerade jene Stelle, wo der Organismus am härtesten und geschlossensten ist. Die Taufe mit Wasser geht zurück bis zu Johannes dem Täufer, dem letzten »Priester« des Alten Bundes, der im fließenden Wasser des Jordans taufte. Die alte Wassertaufe sollte eine Lockerung und Lösung vom Leibe durch Untertauchen bewirken, um dadurch für einen Augenblick die geistige Welt aus eigener Erfahrung kennenzulernen. Der Getauchte war getauft, weil er innerhalb seines Erdenlebens – wie einen Augenblick gestorben – die Welt des Geistes selber erlebt hatte. Mit Jesus Christus hat sich die Intention der Taufe umgekehrt. Die Wassertaufe löst nicht mehr heraus aus dem Leibe und bewirkt »Ekstase«, sondern hilft in den Leib hinein, sie wirkt »instatisch«. Das kleine Kind ist ja noch teilweise in der vorgeburtlichen Welt, es lebt noch halb im Himmel. Aber der Weg in das Haus des Leibes soll nach Möglichkeit so erfolgen, daß ihm die himmlische Heimat nicht verlorengeht, sondern im Heranwachsen und Älterwerden, in jeder Wachstumsstufe wiedergefunden werden kann. Das Reich der Himmel ist durch Jesus Christus nicht nur zu den Menschen, sondern *in* die Menschenwelt gekommen.

Der mit Wasser Getaufte taucht in den lebendigen Geistesstrom des Christentums ein, um als Mensch zwischen Himmel und Erde, geistiger und stofflicher Welt die Mittlerstellung einzunehmen.

Am Kinn wird das Kind mit Wasser und Salz getauft. Damit vermag die Formkraft überzugehen auf den Täufling, die dem sich auflösenden Salz im Augenblick des Vollzuges entbunden wird.

Wir vermögen heute nicht mehr unmittelbar die ungeheure Bedeutung des Salzes zu ermessen, auch wenn uns einige Tage der Salzlosigkeit bei der Nahrungsaufnahme schon eines besseren belehren könnten. »Totis corporibus nihil esse utilius sale et sole: Sonne und Salz sind unentbehrlich für das Leben«, sagt Plinius im ersten Jahrhundert nach Christus. Mehr auf das körperliche Leben weist der altbekannte Spruch »Cum sale panis latrantem stomachum bene leniet: Salz und Brot macht die Wangen rot, schlägt den Hunger tot«. Auch diese Volksweisheit hat schon Horatius im ersten Jahrhundert vor Christus formuliert. Varro berichtet uns im ersten Jahrhundert vor Christus, daß die Vorväter überhaupt nur Salz zum Brot gegessen hätten – mehr gab es für sie noch nicht.

Auch im Alten Testament spielt das Salz eine wichtige Rolle. Im 3. Buch Mose wird für die Feier des Opfers festgelegt:

»Alle deine Speisopfer sollst du salzen
und dein Speisopfer soll niemals ohne Salz sein,
bei all deinen Opfern sollst du Salz darbringen.«

Das Salz ist wesentlicher Bestandteil des Opfers und wird allein in diesem Satz dreimal genannt. Durchgesalzen, mit Salzkraft und Form durchdrungen soll das Speisopfer sein.

Im 2. Buch der Chronik 13,5 wird berichtet, daß Gott mit den Menschen einen Salzbund geschlossen hat. Dieser Bericht geht auf das 4. Buch Mose 18,19 zurück:

»Alle heiligen Opfergaben, die die Kinder Israels dem Herrn darbringen, habe ich dir gegeben und deinen Söhnen und deinen Töchtern mit dir als ewiges Anrecht. Das soll ein *Salzbund* sein für immer vor dem Herrn für dich und für deine Nachkommen mit dir.«

Bei Jesus Christus bekommt das Salz eigene Qualität. In der Bergpredigt sagt er zu den Jüngern:

»Ihr seid das Salz der Erde.«

Erde und Menschheit haben eine Tendenz zur Vergänglichkeit in sich. Christenmenschen wirken durch kristalline Klarheit des Denkens und Formkraft des Willens am Unvergänglichen. Sie bewahren die geistige Struktur der Menschheit. Sie sind das Salz, welches der Fäulnis und Verwesung entgegenwirkt. Bei Markus heißt es (9,49–50):

»Es muß ein jeder mit Feuer gesalzen werden ...,
habt Salz bei euch und Frieden untereinander.«

Dieses herrliche Wort, das auch bei Lukas wiederkehrt, klingt anders bei Paulus auf, der an die Gemeinde in Kolossae schreibt (Kol 4,6):

»Eure Rede sei alle Zeit mit Salz gewürzt.«

Allzu lange war die Rede der Christen fade und langweilig. Wenn Christen sprechen, darf dies nicht »geschmacklos« und ohne Würze sein. Salz und Würzkraft gehören zur klaren und deutlichen Sprache dazu.

Die Taufe mit Wasser und Salz veranlagt für die Willensregion des Getauften Formkraft und wirkt als konservierendes und bewahrendes Element.

Der dritte Akt innerhalb der Substanztaufe ist die Taufe mit Wasser und Asche. Mit ihr wird die Brust, die Region des Herzens berührt. Diese Substanz ist das Ergebnis einer Verbrennung und weist auf den Feuerprozeß hin. Verbrennung und Auflösung setzen mit Beginn des Lebens ein. Selten machen wir uns bewußt, daß mit dem Anfang des Lebens und dem ersten Atemzug der allererste Anfang des Sterbens beginnt. So ist das Kreuz mit Asche auf dem Herzen, dem Organ des Lebens, Zeichen für die Erneuerung, die dem Tode abgerungen wird und aus der Asche hervorgeht. Wie Jesus Christus selber erst durch seinen Tod am Kreuz der Menschheit und der Erde neues Leben zu schenken vermochte, wird der Getaufte das wahre Leben erst im Durchgang durch Sterbeprozesse und den Tod im Zeichen des Kreuzes finden können.

Wiederum können wir schon im Alten Testament die Asche als Element des Durchgehens durch den Tod und das Anstreben neuen Lebens finden. Im Buch Hiob wird beschrieben, wie Hiob nicht nur in der Asche saß (Hiob 2,8), sondern wie er auch aufgefordert wird, Buße in

Staub und Asche zu tun (42,6). Denn nur im Verbrennen des alten liegt der Zugang zum neuen Leben aus der Feuerkraft des Geistes – der Prozeß des Stirb und Werde.

Auch im Neuen Testament, etwa bei Matthäus (11,21) und bei Lukas (10,13), sind Sack und Asche, die angelegt und aufgestreut werden, Zeichen für eine grundlegende Bußübung, die mit dem Ablegen des Alten zusammenhängt, dem Erwecken der Reue, die zur Wandlung und grundlegenden Erneuerung hinführen. Christwerdung ist ohne immer neuen Abbau von Verhärtendem und Altwerdendem und den Willen zur ständigen Erneuerung nicht denkbar.

Der Segen

Ist der Taufakt mit den drei geweihten Substanzen vollzogen, dann folgt der Segen im Namen der Dreifaltigkeit.

Die Aufnahme in die Gemeinde ist vollzogen. Das Leben in der Gemeinde Jesu Christi im Sinne einer Fortsetzung der Taufe soll von dem Augenblick dieser Initiation an geschehen. Der Namensträger ist gestärkt durch die drei Lebensprozesse, die durch das Wasser, das Salz und die Asche im Werden, Sein und Bewußtsein des Täuflings veranlagt und erweckt worden sind.

Nun vollzieht der Priester den Segen. Was heißt aber »segnen«? Unser heutiges Wort stammt von dem althochdeutschen »Segan« ab, das, seinerseits eine Eindeutschung des lateinischen Wortes »signare« – bezeichnen, bekreuzen, – von Signum – das Zeichen stammt. Das Zeichen war für den Christen früher schlechthin das Kreuz. »Cruce signare« (lateinisch) – mit dem Kreuz bezeichnen, mit dem Kreuz segnen war Brauchtum. Segnen ist das Vollziehen einer zeichenhaften Tat, mit der eine Kraft und Heilspotenz vom Segnenden auf den zu Segnenden übergehen kann. Letztlich ist Gott selbst der Segnende, der durch Menschen hindurch wirken kann.

Melchisedek, der als Priesterkönig hinter dem jüdischen Priestertum stand, segnete Abraham und damit die Generationenfolge und das werdende Volk, das den Leib Jesu zu bilden hatte. Er segnete durch das Sakrament mit Brot und Wein (Hebräer-Brief 7,6 und 1. Buch Mose 14,17ff.).

Jesus Christus segnet selbst die Kinder. Markus berichtet in seinem Evangelium (10, 13 ff.):

»Und sie brachten Kinder zu ihm, daß er sie anrührte. Die Jünger fuhren die an, die sie trugen. Da es aber Jesus sah, ward er unwillig und sprach zu ihnen: Lasset die Kinder zu mir kommen und wehret ihnen nicht; denn solcher ist das Reich Gottes. Wahrlich, ich sage euch: Wer das Reich Gottes nicht empfängt wie ein Kind, der wird nicht hineinkommen. Und er herzte sie und legte die Hände auf sie und segnete sie.«

Kinder sind – und wer vermag das nicht am neugeborenen Kind oder dem Täufling, der zur Taufe getragen wird, zu sehen – dem Reich Gottes noch nahe. Als Gotteskind wird der Christ später jene Empfänglichkeit für das Reich des Geistes wieder zu erringen suchen, die das Kind noch von selbst hat.

Jesus Christus segnet die Kinder, die zu ihm getragen werden. Ist das nicht ein Idealbild für die Taufe? Ist nicht die Taufe selbst das Segenswort, das Jesus Christus spricht? Und das Zeichen, das dreifach über dem Kinde gezogen wird, ist das Zeichen des Kreuzes, in dem Tod und Leben Jesu Christi zusammengefaßt sind.

So segnet der gen Himmel Fahrende seine Jünger (Lukas 24, 50), und fortan werden sie als Apostel und Priester in seinem Namen und durch sein Zeichen die segnen, die sich ihm zuwenden. Je mehr in der Zukunft wieder Menschen Religion üben und Christentum in die Praxis des Lebens einführen, umso mehr wird wieder die Kraft zum Segnen reifen. Eine Taufgemeinde, die in ihrem religiösen Leben mit der Menschenweihehandlung übersinnliche

Substanz erübt hat und die ihrerseits durch die Wirkkraft Christi gesegnet wird, wird gemeinsam mit dem Priester ihre Substanz überströmen lassen auf den Täufling.

Zieht der Priester dreifach das Kreuz im Namen des Vaters und des Sohnes und des Heiligen Geistes, dann wird dieses Zeichen das Christenleben des Getauften begleiten. Wird das Kind später konfirmiert, dann lernt es das Zeichen an Stirn, Kinn und Brust selbst zu ziehen. Siebenfach durchdringt diese Handlung, die dann jeder Christ an sich selbst vollzieht, die Menschenweihehandlung. Und wenn sich das Leben vollendet, tritt der Priester an das Sterbelager und vollzieht an dem Sterbenden das Sakrament der Ölung. Am Anfang des Lebens vollzog der Priester namens der Gemeinde die Bekreuzung am Kinde. Am Ende des Lebens wird das Zeichen wiederum dreifach auf der Schädelstätte des Menschen aufleuchten. In der Mitte des Lebens vollbringt es der Christ selbst und bekundet damit den Willen, Denken, Wollen und Herz in das Zeichen der Wandlung vom Tode zum Leben zu stellen. Der Augenblick der Segnung mit dem dreifachen Kreuz ist das wahre Initium – Anfang – des Lebens eines getauften Christen im Zeichen des Kreuzes.

Die Fortsetzung der Taufe

Die erste Kindheit

Wie schon ausgeführt, ist die Taufe ein Initiationsakt. Im echten Anfang ist der Weg und das Ziel enthalten. Taufen heißt, den Anfang der Christwerdung setzen. Es heißt aber auch, die Fortsetzung dieses Anfanges zu bejahen und zu wollen. Doch wie kann eine Taufe fortgesetzt werden? Was vermögen Eltern, Paten und Gemeinde zu tun, um den heiligen Anfang in das ganze Leben überzuführen? Wie kann das Ideal und Urbild, das im Sakrament aufleuchtet, zum Leitbild der christlichen Erziehung werden?

Die Seele des Kindes bedarf der Führung. Deshalb wird Erziehung aus einem Menschenbild heraus Aufgabe der Eltern sein. Zunächst stehen sie staunend davor, daß ein Kind da ist und wie es da ist. Das Sein des Kindes mit seinem ganzen Wesen erweckt täglich Bewunderung. Zu fühlen und zu wissen, an welchem Punkt seiner Entwicklung das Kind steht, gehört zu den wichtigen Aufgaben der Eltern. Sie werden nicht nur für das leibliche Wohl sorgen, sie werden darüber hinaus auch die Seele zu leiten und zu führen suchen.

Mit jedem Tag verändert sich das Kind. Es wächst, und sein Wachsen äußert sich im Leib und den Proportionen der Glieder des Leibes zueinander. Es äußert sich aber auch, indem es aus dem Schlaf immer mehr ins Wachen tritt, er-wacht. Die Augen und die Seele spiegeln diesen Vorgang. Wieder gehört es zu den Aufgaben, dieses Wachsen in seiner Dynamik zu begleiten. Nicht nur, daß es schnell aus allem herauswächst, was es zur Kleidung hat, die Nahrung ändert sich, das Spielzeug ändert sich, die Sprache tritt hinzu und damit die Äußerung: Von Tag zu Tag wächst der Umkreis der Sprache, werden nun Worte mit Formulierungslust schöpferisch ergriffen. Wer täglich das Wachsen eines Kindes begleitet, wird vielleicht etwas blind für die unglaublichen Stufen dieses Wachstums. Ein Pate, der zu Besuch kommt und nur von Zeit zu Zeit das Wachsen und Werden erlebt, kann dann deutlich wahrnehmen, was inzwischen geschehen ist. Im Gespräch vermag er, den Eltern Erhellendes zu sagen, das sich aus der Distanz deutlicher zeigt. Mit seinen Fragen kann er den Blick auf Dinge lenken, die vielleicht durch zu große Nähe nicht wahrgenommen werden. Und schließlich ist das Werden eines Menschen, seine Entwicklung nie so deutlich und offen zu Tage tretend wie bei dem Kind. Das Kind lebt offen in die Zukunft hinein. Sein Werden ist zukunftsorientiert. Jeder Tag wird freudig begonnen, wenn die Gesundheit des Leibes und die Frische der Seele es erlauben. Was so im allgemeinen des natürlichen Lebens gilt, kommt erst recht für die Christwerdung des Menschen in Betracht. Durch die Aufnahme in die Gemeinde Jesu Christi *ist* das Kind Christ geworden. Es gehört der christlichen Gemeinde an, die Taufgemeinde hat die Taufe mitvollzogen. Was so dem Sein angehört, ist aber nur dann sinnvoll, wenn es wächst und wird. Wie mißlich ist es um die vielen getauften Christen bestellt, bei denen der Taufe wenig oder gar nichts folgt!

Da es in unserem Falle ein Säugling ist, der Christ geworden ist, findet zunächst sein Wachsen und Werden im Schoße der christlichen Gemeinde statt. Bis zur Geburt seiner individuellen Seele, bis zur nächsten sakramentalen Stufe der Christwerdung, dem Sakrament der Konfirmation, wird das Kind geführt. Wie geschieht dies? Die Eltern werden von Anfang an nach Möglichkeit das Kind religiös begleiten. Das Gebet am Morgen über dem Kind, das Gebet am Abend über dem Kind sind damit Hüllen von Aufwachen und Einschlafen durch das Beten der Mutter. Später lernt das Kind mitbeten. Wird ihm Gutes vorgeahmt, vermag es auch Gutes nachzuahmen. Eine selbstverständliche gute Gewohnheit wird ganz früh veranlagt. Später wird das Gebet zur Aufnahme der Nahrung, das Tischgebet, hinzukommen. Das tägliche Brot ist keine Selbstverständlichkeit. Für die Gaben, die uns die lebendige Natur schenkt, dem Schöpfer zu danken, gehört zur religiösen Kultur des Menschen. Zum Begleiten des Tageslaufes kommt das Herausheben des Sonntags hinzu. Manches vermag neues Brauchtum und neu gewählte Sitte da zu leisten. Als Anfang der Woche prägt sich zum Beispiel schon durch das schöne Kleid, den Morgenspruch vor dem Frühmahl, vielleicht auch das Lesen des Evangeliums des Sonntags, der Rhythmus ein, der später für ein Christenleben wichtig wird. Der Festkreis des Jahres gibt der Phantasie der Eltern und Paten reichlich Nahrung und Gestaltungsmöglichkeiten: Wie wird eine adventliche Erwartungszeit, wie ein weihnachtliches Christfest, eine Epiphanias-Zeit, eine Passionszeit, ein hohes Osterfest, ein Himmelfahrtsereignis, Pfingsten, Johanni und Michaeli in der Familie mit dem kleinen Kind oder den Kindern gefeiert? Vieles ist dazu aus der Erneuerung des religiösen Lebens schon veranlagt worden[12] und ist bereits praktisch in das Familienleben integriert. In jedem Falle haben ältere Paten ein weites Feld vor sich, den Tag, die

Woche, die Festeszeit zu einem Jahr zu runden, wodurch das natürliche Lebens-Jahr zu einem christlichen Jahr gesteigert wird.

Das Kind ist von selbst fromm. Unmittelbar antwortet es auf die Seelenhaltung der Eltern. Nehmen diese die Taufe als ein Leitbild christlicher Erziehung und Entwicklung, dann ist die erste Kindheit ein Geschenk, das ein Lebenlang als ein tragendes Fundament wirkt. Die Freuden des Lebens werden eine Steigerung ins Objektive erfahren, die kleinen Leiden und Schmerzen des Lebens anders und leichter getragen werden können.

Die Fortsetzung der Taufe

Die zweite Kindheit

Eine große Schwelle in der Entwicklung des Kindes wird mit der Schulreife erreicht. Das Kind verläßt für Zeiten des Tages das Elternhaus und geht zur Schule. Klasse und Lehrer, die Schulgemeinschaft, wird zum Erlebnis- und Lernfeld für die kommenden Jahre. Auch das religiöse Leben tritt aus dem engeren Familienkreis der Eltern und Paten heraus und erfährt eine Erweiterung zur Gemeinde hin. Der Gottesdienst für die Kinder, Sonntagshandlung genannt,[13] beginnt und kennzeichnet einen Lebensrhythmus, der dem Ideal nach etwa sieben Jahre währt. So viele Tage ein Jahr hat, so viele Sonntage – 365 – kann ein Kind sieben Jahren die kultische Andacht, die seine Seele zu dem dreieinigen Gott erhebt, vor dem Altar erleben und mitvollbringen. Zu der Sonntagshandlung für die Kinder kommt die religiöse Unterweisung, der Religionsunterricht, hinzu, je nach Lage und Möglichkeit ein oder zwei Stunden wöchentlich in der Schule oder in der Kirche.

Der Weg und der Gang zur Kirche, das Stehen vor dem Altar, das Beten in Gemeinsamkeit der Kinderschar ist Tat. Handlung heißt der Gottesdienst, weil der Wille und die Hingabe geübt werden.

Im Unterricht wird in das Bewußtsein heraufgehoben, was am Altar erübt wird. Religionsunterricht ohne religiöse Praxis ist somit nicht sehr sinnvoll. Beides ergänzt und durchdringt sich. Unterricht und Sonntagshandlung sind wie Denken und Wollen, Bewußtsein und Tat als Pole des religiösen Lebens veranlagt, die sich ergänzen und befruchten.

Die Menschenkunde Rudolf Steiners hat zur Erneuerung des pädagogischen Lebens geführt, das weltweit in den Waldorf- oder Rudolf-Steiner-Schulen praktiziert wird. Aus dieser Menschenkunde heraus wird auch der Religionsunterricht befruchtet. In seiner grundlegenden Schrift über »Die Erziehung des Kindes« werden von Rudolf Steiner für diese Epoche des Lebens die Anregungen gegeben.[14] Schlüsselworte für die Führung des Kindes sind Nachfolge und Autorität und das Wirken durch Bilder, Gleichnisse und Symbole. Die Sonntagshandlung wirkt als heiliges Bild, das in Andacht rhythmisch angeschaut wird und damit die Bilde-Kräfte des heranwachsenden Kindes durchdringt. Sie wirkt als heiliges Wort und läßt damit die Samenkraft des Gotteswortes in der hörenden Seele erwecken. Und der Tatcharakter der Sonntags-*Handlung* stärkt den Willen bis in die Leiblichkeit hinein, der auf die geistige Welt gerichtet ist.

Der »religiöse Sinn« (Novalis) des Kindes wird auf die Natur und damit auf die Welt des Vaters gerichtet. Die Welt der Tiere, der Pflanzen, der Steine und damit die Umwelt des Menschen wird voll in die religiöse Grundhaltung einbezogen. Die innere Zuwendung zu Jesus Christus, dem Sohne Gottes, als dem Mensch gewordenen Gott ist ein weiterer Schritt. Das Herz lernt das Geheimnis der Einwohnung Christi ahnen. Und schließlich wird zum Heiligen Geist gebetet, gehört es doch zur kindlichen Entwicklung dazu, daß mit jedem Tag der Horizont des Bewußtseins weiter wird, daß immer neu dazugelernt wird, daß sich der kindliche Geist durch Fragen und Lernen die geistigen Grundlagen der Welt anfangsweise erschließen will. Alles will er verstehen! Es sei hier angeraten, eine Sonntagshandlung zu besuchen und mitzuerleben.

Den Religionsunterricht an dieser Stelle zu beschreiben, würde zu weit führen. Doch steht hinter dem ganzen Jahrsiebt der zweiten Kindheit der Impuls, die Taufe in einen Lebensprozeß hinein zu entfalten, der – je nach Lebensjahr – verschieden die Seele mit der dreieinigen Gottheit verbindet.

Der Segen im Namen der Trinität bei der Taufe bleibt damit keine bloße Formel. Er ist eine Kraft, die auf ein Taufziel gerichtet ist und dem das Elternpaar, die Paten, Lehrer und Priester gemeinsam nachzukommen suchen.

Die Nottaufe

Manche Seelen, die auf dem Weg zur Erde sind, haben es schwer, ihr Leben voll zu ergreifen. Sei es, daß das Kind in der mütterlichen Hülle nicht voll ausreifen kann und als Frühgeburt zur Welt kommt. Dann ist es zart, schwach und im besonderen Maße der Hilfe und Umhüllung bedürftig. Sei es, daß die Geburt selbst oder die ersten Tage danach das Leben erschweren oder gar unmöglich machen. In jedem Falle muß das Kind für eine Taufe lebend geboren sein. Die Zeichen dafür sind der Atem und der Anfang eines selbständigen Blutkreislaufes im eigenen Organismus. Tritt eine ernste Lebensgefahr auf, sind alle Christen im Umkreis eines Kindes für die Taufe verantwortlich. Ist sie sakramental nicht möglich, weil die Lebenskrise so akut ist, daß ein Priester nicht rechtzeitig gerufen werden kann, dann ist die Hebamme, die Krankenschwester, der Pfleger oder der Arzt oder ein Angehöriger aufgerufen, die Nottaufe zu vollziehen. Wie geschieht sie? Der Taufende sammelt und konzentriert sich einen Augenblick, betet wenn möglich zu seiner Vorbereitung still ein Vaterunser, wenn es die Zeit erlaubt, tritt an das Kind heran oder nimmt es auf den Arm und sagt:

»Ich taufe dich im Namen des Vaters, des Sohnes und des Heiligen Geistes...«,

dann wird der Name genannt und das Zeichen des Kreuzes segnend mit Wasser über das Kind gezogen.

Hat ein Erdenleben begonnen und ist damit eine selbständige Beziehung zur Erde eingetreten, ist es eine große Hilfe, wenn Name und Kraft Jesu Christi durch die Taufe auf das Kind überströmen und damit der Sinn des Erdenlebens wenigstens für diesen Augenblick aufleuchtet und ausgesprochen wird. Die Nennung des Namens Christi zwischen zwei Menschen ist eine geistige Wirklichkeit. Rudolf Steiner schildert einmal, daß heute manchmal Kinder geboren werden, nur um die Taufe zu empfangen und nachzuholen. Die frühere katholische Idee, daß eine nicht-getaufte Seele schon wegen der Einmaligkeit des Erdenlebens endgültig verloren sei, spielt unseres Erachtens in dieser Frage keine Rolle, sie darf keine Rolle spielen. Für das Schicksal, daß ein Kind stirbt, bevor es getauft ist, liegt die Verantwortung bei der geistigen Führung. Jedoch sind wir als Christen aufgerufen, nach unserer Erkenntnis und Verantwortung das Bestmögliche zu tun, in diesem Falle also der Gefahr für das Leben eines Kindes mit der Handlung der Nottaufe zu begegnen. Ist sie geschehen, dann bedarf es anschließend der Nachricht an einen Priester der nächstgelegenen Gemeinde. Dann kann die Nottaufe von der Gemeinde anerkannt werden. Fügt es das Schicksal, daß das Kind nach der Nottaufe stirbt, dann kann der Priester bei einer folgenden Menschenweihehandlung die Seele des Kindes und die Tatsache der Nottaufe mit »in die Kommunion« einbeziehen, wodurch er als Träger des Gemeindegeistes die Taufe erst zur vollen Wirklichkeit entfaltet.

Kommt das Kind nach der Krise wieder zu Kräften, dann kann der Keim der Nottaufe durch eine volle sakramentale Taufe ergänzt werden und das Kind seine Paten erhalten. Eltern, Paten und Priester können gemeinsam das Sakrament vorbereiten. Sie blicken dann dankbar auf die Erhaltung des Lebens zurück und ergänzen durch die volle Taufe inmitten der Taufgemeinde, was dank der Initiative und Wachheit eines Christen schon an und für das Kind im Augenblick der Not geschehen ist. Wir taufen ja nicht, wie Kurt von Wistinghausen in seinem Taufbüchlein schon sagte, damit das Kind in den Himmel kommt, sondern damit es inmitten seines Erdenlebens den Himmel in Vater, Sohn und Heiligem Geist finden kann.

In der Nottaufe bewährt sich für den Laien die Fähigkeit zum allgemeinen Priestertum. In der Zukunft wird mehr und mehr die aktive und mündige Mitverantwortung der Christenmenschen in den Vordergrund treten. Von der Möglichkeit zum Taufen in der Not über das Amt eines Paten für ein Kind und eines Trauzeugen für eine Lebensgemeinschaft bis zum Dienst am Altar kann sich die religiöse Mitverantwortung, die Bereitschaft zum dienenden Handeln in einer so intensiven Weise entfalten, wie das bislang in der Geschichte des Kultus noch nicht möglich war.

Für die Eltern ist es ein schweres Schicksal, ein neun Monate lang erwartetes und getragenes Kind gleich wieder zu verlieren. Aber auch hier bedarf es einer allmählichen Neuorientierung. Wird eine Kindesseele, die frühzeitig stirbt, wirklich verloren? Bleibt sie geistig nicht in der Nähe der Eltern? Zwar hat sich die Leiblichkeit wohl nicht voll mit den Substanzen der Erde verbunden, doch bleibt die Seele im Umkreis der Menschen, die sie lieben. Der Dichter Friedrich Rückert (1788–1866) verlor im Winter 1833/34 im Abstand von 14 Tagen zwei seiner Kinder. Damals war die Kindersterblichkeit noch häufig, heute ist sie gottseidank selten geworden. Die vierjährige Luise und der fünfjährige Ernst erkrankten zu Weihnachten 1833 an Scharlach, eine damals noch lebensgefährliche, ja tödliche Krankheit. An Sylvester starb das Mädchen, in der ersten Hälfte des Neuen Jahres 1834 der Sohn. Tief betroffen stand der Vater zweimal an der Bahre. Die Seelen der frühverstorbenen Kinder aber erweckten in ihm einen neuen dichterischen Klang. Der Ton der Klage bekam durch die Nähe zur übersinnlichen Welt, der Welt der Toten, ein ganz neues Gewicht. Seine »Kindertotenlieder« entstanden.[15] Sie sind in drei Gruppen geordnet, die zugleich drei Stufen der Überwindung des Schmerzes ausdrücken: Lied und Leid – Krankheit und Tod – Gruß und Erhebung.

Alles zielt, wie ich es schon in meinem Buch »Das Ereignis des Todes« dargestellt habe, auf übersinnliche Vereinigung, die angestrebt wird durch Erinnerung und Vergegenwärtigung der Kinderseelen.[16] Dies entzündet sich oft an Kleinigkeiten wie etwa dem Duft eines Kleides. Das andere Leben ragt in dieses hinein und durchwebt es mit Harmonie:

»Ich habe mich ergeben.
Im Leben waren sie
das Stück von meinem Leben,
das Glanz dem Ganzen lieh.
Nun ist ein Blick auf sie,
nun ist ihr Aufwärtsschweben
in diesem Leben wie
ein Stück vom andern Leben,
um dieses zu durchweben
mit höhrer Harmonie.«

Wenn es uns gelingt, das Leid und den Schmerz zu verwandeln, wird unser Leben durch frühverstorbene Kinderseelen mit einer höheren Harmonie durchwoben. Manche Familien vermögen mit einer Seele sehr schön und tief zu leben und für die Geschwisterkinder manches Anregende und Vertiefende im Umgang mit der Seele eines verstorbenen Kindes zu bewirken. Und der Priester wird lernen, die Kraft der Taufe durch das Denken an die Seele eines Verstorbenen zu verstärken.

Die Taufe und die Wiedergeburt

Die Christwerdung schafft zur natürlichen biologischen Menschwerdung etwas Neues hinzu. Kann man von der Geburt als dem Anfang des Menschenlebens sprechen, dann ist die Wiedergeburt der Anfang für das Leben eines neuen Menschen, der Anfang des wahrhaften Christenlebens. Schon das Johannes-Evangelium schildert im nächtlichen Gespräch Jesu Christi mit dem jüdischen Lehrer Nikodemus das Geheimnis der natürlichen Geburt und der Wiedergeburt des Menschen: »Es sei denn, daß jemand von Neuem geboren werde – und zwar durch Wasser und Geist – so kann er nicht in das Reich Gottes kommen« (Jo 3, 3–5). Das Schauen und Denken des Gottesreiches (idein) sowie das Hineingelangen (eiselthein) – Denken und Wollen – sind für uns Menschen mit der Wiedergeburt, der Geburt von oben her verbunden. Was hat es mit dieser Wiedergeburt auf sich? Was sagt diese wesentliche christliche Tatsache überhaupt aus? Was kann geschehen, damit dieser zentrale christliche Begriff »Wiedergeburt« zwischen der natürlichen Geburt und einer möglichen Re-Inkarnation seine verbindende und mittlere Stellung erhält? In der Literatur werden die Begriffe Wiedergeburt und Reinkarnation oft verwechselt, ja synonym gebraucht. Gleichwohl entspricht dies gerade nicht ihren Bedeutungen. Ist es doch vielmehr so, daß die Wiedergeburt eine Voraussetzung für eine mögliche Re-Inkarnation bildet.

Deutlich ist, daß sich die Wiedergeburt während des Lebens zwischen Geburt und Tod vollziehen soll. Es ist ein Vorgang, bei dem das menschliche Handeln und das göttliche Handeln auf dem Wege der Gnade zusammenwirken. Führt die Geburt in das natürliche Leben hinein, so führt die Wiedergeburt in das Leben von »obenher«, in das übernatürliche und damit christliche Leben ein. Durch die Wiedergeburt hat der Mensch Anteil am Leben im Geist. Unsere Sprache hat ein feines Gespür dafür. Sie spricht nicht nur von Zeugung. Sie kennt auch die »Überzeugung«. Wer überzeugt wird oder sich selbst überzeugt, erfährt mit einer offenen und empfangsfähigen Seele eine Zeugung von obenher, die für das Leben etwas Neues in Gang setzt, den Menschen allmählich verändert, bis er schließlich ein anderer wird. Die Überzeugung ist gleichsam der Anfang einer geistigen Schwangerschaft, aus der allmählich ein anderer, ein neuer Mensch hervorgeht. Dieser neue Mensch war immer Ziel der Einweihungsriten der Völker und ist Ziel der christlichen Taufe. Die Taufe als Akt der Initiation, als Anfang der Christwerdung veranlagt aus der Überzeugung der Eltern, Paten und der Gemeinde die Wiedergeburt des getauften Christen.

Bei den Kirchenvätern wird dieser Gedanke oft geäußert, z.B. sagt Theodor von Mopsuestia (etwa 350–418 n.Chr.):

> »Wie der Schoß der Mutter bei der natürlichen Geburt den Samen aufnimmt, den dann die Hand Gottes zum Menschen formt, so wird auch bei der Taufe das Wasser zum Mutterschoß, aber die Gnade des Heiligen Geistes formt den Getauften, so daß er als neuer Mensch zum zweiten Mal geboren wird.«

Wenn aber heute das kleine Kind getauft wird und nicht der Erwachsene – wie in den frühen Tagen des Christentums – wie vermag dann der Säugling an dieser Wiedergeburt teilzuhaben? Kann ein eben geborener, unmündiger Mensch ohne persönlichen Glauben und ohne eigenes Erkennen bekennender Christ sein?

In der Christengemeinschaft stehen die Sakramente am Anfang von Lebensetappen. Sie begleiten das Leben und bringen für jede Epoche den entsprechenden Initiationsprozeß hervor. Dabei gehören die Taufe und die Konfirmation zusammen. Die Taufe ist der Akt des Empfangens aus Überzeugung, die Konfirmation schenkt den Anfang einer möglichen Wiedergeburt. Das sei im folgenden ein wenig ausgeführt (siehe dazu auch das Kapitel: Die Taufgemeinde und ihre Aufgabe).

Bei der Taufe nimmt die Taufgemeinde den Täufling auf. Das Ritual spricht diese Aufgabe aus. Die Taufgemeinde soll eine Seele empfangen. Hören wir das wörtlich, dann ist die Taufe der Empfängnisakt für eine neue Seele in der Gemeinschaft der Christen. Je liebevoller und je bewußter alle anwesenden Seelen der taufenden Gemeinde die Taufe mitvollziehen und die Seele willkommen heißen, um so stärker wird der Augenblick des Empfangens sein können. Die nächste Aufgabe der Gemeinde beginnt. Sie soll die Seele des Kindes tragen. Wohin? In die Gemeinde des Christus Jesus, für die sie selber stellvertretend da ist und handelt. Zunächst trägt sie durch die Paten und in Gemeinsamkeit mit den Eltern das Kind. Vom 7. Lebensjahr an ermöglicht die Gemeinde die religiöse Unterweisung und versammelt die Kinder zur Sonntagshandlung, der Andacht am Altar. In den ersten Jahren der christlichen Erziehung entscheidet sich unendlich Vieles.

Ist die erste Kindheit einmal gewonnen, erhält das Kind eine Lebenskraft und Seelenstärke für sein ganzes Leben, die im Grunde kaum noch grundlegend gefährdet werden kann. Von der Taufe über die Sonntagshandlung hin mündet die ganze Kindheit in das Sakrament der Konfirmation ein. Sie ist die Frucht und das Ende der Kindheit, zugleich aber erschließt sie das neue Lebensalter, die Jugend. Im Reifealter kommt die Seele erst voll zur Welt. Ihr Eigenleben beginnt. Ein Tagebuch wird etwa geführt, eigene Freundschaften beginnen, nicht mehr alle Erlebnisse werden mit den Eltern geteilt, das Innenleben der Seele hinter Igelstacheln und Verletzlichkeiten beginnt in aller Zartheit.

Für die christliche Entwicklung endet die Zeit des Getragenwerdens durch die Gemeinde. Vom Empfangen des Sakramentes an hat sich die Seele zweimal sieben Jahre im Zusammenhang der Taufgemeinde geborgen und getragen fühlen dürfen. Jetzt will der Konfirmand oder der bereits Konfirmierte seine eigenen Schritte tun. Er kommt als Christenseele zur Welt. Mit der Erstkommunion beginnt er sein übernatürliches Leben. Er beginnt, Nahrung in Gestalt von Brot und Wein zu sich zu nehmen. Er fängt auch an, sich in das Bekenntnis einzuleben, das er mit der Konfirmation anvertraut erhält. Nicht wird er darauf verpflichtet. Wie sollte er als gerade geborener Säugling einer zukünftigen Gotteskindschaft schon bewußt das Bekenntnis zu seinem eigenen machen? Aber alle wichtigen Elemente der Christwerdung: Das Vaterunser, das Bekenntnis, die Wegzehrung durch das Sakrament, das Evangelium bekommt er auf seinen Lebensweg mit. Lebt er damit als Jugendlicher, dann wird eines Tages auch der Augenblick kommen können, wo er als herangewachsener und mündiger Mensch frei und bewußt bekennt, was er lebensmäßig durch Taufe und Konfirmation mitbekommen hat. Er wird dann Mitglied in der Christengemeinschaft. So entsteht ein Dreischritt:

Die seinsmäßige Aufnahme in die Gemeinde durch den Augenblick des Empfangens beim Sakrament der Taufe.

Die Aufnahme in die Kommunionsgemeinde durch die erste Kommunion innerhalb der ersten Menschenweihehandlung, die der Konfirmation unmittelbar folgt.

Die Aufnahme in die Christengemeinschaft auf Erden mit aller Verantwortung eines mündigen Christen, was im Gespräch mit dem Pfarrer einer Gemeinde vollzogen wird.

Der große Apostel und Gemeindegründer Paulus schreibt an seinen Mitarbeiter und Mitpriester Titus von der Taufe als dem »Bad der Wiedergeburt und Erneuerung im Heiligen Geist« (Titus 3,5).

Petrus schreibt in seinem ersten Brief: »Ihr seid wiedergeboren nicht aus vergänglichem, sondern aus unvergänglichem Samen, nämlich aus dem lebendigen Wort Gottes, das da bleibt.« (1,23) Das Wort des Sakramentes ist hier das lebendige Wort Gottes, das mit seiner Samenkraft Überzeugung bewirkt und Wiedergeburt schenkt. An der Schwelle vom zweiten zum dritten Jahrhundert knüpft der lateinische Kirchenvater Tertullian unmittelbar an das Zeugnis des Petrus und des Paulus an, wenn er von der Taufe als der Wiedergeburt sagt: »Gesegnete, Begnadete seid ihr, wenn ihr dem überaus heiligen Bad der Wiedergeburt entsteigt und zum ersten Mal bei eurer Mutter und in Gemeinschaft mit euren Brüdern betet.«[17]

Die Taufe des Johannes

Nach dem Bericht des Lukas im 1. Kapitel seines Evangeliums war Johannes ein Sohn des Zacharias und der Elisabeth. Johannes heißt etwa »Der Herr ist gnädig – dem Gott gnädig ist«. Die deutsche Übertragung klingt in dem Vornamen »Gotthold« auf. Der Nama Zacharias ist eine griechische Form des Hebräischen: »Der Herr gedenkt seines Wortes«, während Elisabeth übertragen heißt: »Die Gott Zugeschworene oder Gottgeweihte«. Zacharias war Priester des Alten Bundes. Er empfängt ja die Ankündigung der Geburt seines Sohnes Johannes während der Räucherung am Altar. Elisabeth war eine Tochter des Aaron und konnte damit den Erbstrom zurückverfolgen bis zu dem ersten Hohenpriester Aaron, dem der durch Moses gestiftete jüdische Kultus anvertraut war. In Johannes findet sich das vererbbare Priestertum des Alten Bundes zusammen. Darüber hinaus war er ein Gottgesandter, wie Johannes (1,6) von ihm sagt. Johannes tauft am Jordanfluß. Schon die Zeitgenossen des Johannes und Jesus erleben diese Tat als so typisch, daß er den Beinamen ho baptistēs – der Täufer – empfängt. Das Verb baptizein heißt »untertauchen, eintauchen, eintunken«. Johannes der Täufer tauft durch Eintauchen in strömendes Wasser – siehe Matthäus 3, 1. 6. 11. 13. 16; Johannes 1, 25 f.; 3,23; 10,40 und an anderen Stellen. Selbst in nichtchristlichen Zeugnissen der Literatur hat er den Beinamen »Der Täufer«, wie z. B. bei dem jüdischen Schriftsteller Flavius Josephus, Antiquitates 18,117. Das Taufen des Johannes als kultisches Handeln war zur Zeitenwende außerordentlich, erregte im ganzen Land Aufsehen, und die Kunde davon drang bis zu Herodes.

Mit der Taufe ist die Verkündigung und Predigt eng verbunden. Wie ein historisches Zeitgewissen verkündet Johannes in seiner Predigt: »Ändert den Sinn, das Reich der Himmel ist nahe herbeigekommen!« Die Umkehr, die Wandlung, die Metanoia soll durch Predigt und Taufe bewirkt werden, damit der Erdenmensch das bisher ferne Reich der Himmel nunmehr als nah, schließlich sogar in sich selbst erleben kann. Wer die Metanoia vollziehen will, erfährt in der Taufe die Nähe der geistigen Welt. Mit dem neugewonnenen geistigen Maßstab vermag er so aus eigenem Erleben auch die Distanz zum Himmel nachzufühlen und seine Sünden zu bekennen. Rudolf Steiner schildert wiederholt, wie durch das Eintauchen in das Wasser bei den Menschen der Zeitenwende, die noch nicht so fest verkörpert waren wie wir heute, eine Lockerung stattfindet. Sie werden so lange untergetaucht, bis sie an den Rand des Ertrinkens geraten, die Schwelle des Todes wie einen Augenblick überschreiten und dadurch zur Erfahrung der geistigen Welt gelangen.

Johannes der Täufer predigt in der Wüste und tauft am Jordan. Der Jordanfluß mündet unmittelbar hinter der Taufstelle in das Tote Meer ein. Die Urbilder der Landschaft sind selber zeichenhaft für den Vorgang. Wer von Jerusalem zum Jordan wandert, sieht die Wüste Ghor vor sich liegen. Der helle Sand ist von Salzkristallen überzogen und glitzert in der Sonne. Der Jordan ist mit seinem mäanderartigen Lauf tief eingegraben, so daß er zunächst dem Wanderer unsichtbar bleibt, ein Strom lebendigen, aber unsichtbaren Wassers mitten in der Wüste, von dem nur die grünen Pflanzen am Uferrand Zeugnis des Lebens ablegen. Darüber hinaus wird gerade in der Furt getauft, die unmittelbar vor der Einmündung des lebendigen und fischreichen Stromes in die Salzlauge des Toten Meeres liegt: An der Schwelle vom natürlichen Leben zum Tod wird getauft, um ein höheres Leben zu erfahren. Das Wasser, das Salz und die Asche – Spuren der Verbrennung alles Lebendigen durch die kraftvolle Sonne – säumen den Ort der Taufe. Die Taufelemente der Taufe der Christengemeinschaft sind naturhaft repräsentiert. Das Bild der Taufe des Johannes reicht auch bis zu unserer Gegenwart hin. Die Wanderung des modernen Menschen führt mitten in die Wüste. So wählt Exupéry als bildhaftes Zeichen für die heutige Welt: »Die Stadt in der Wüste«, und Friedrich Nietzsche ruft an der Schwelle zum 20. Jahrhundert:

»Die Wüste wächst –
weh dem, der Wüste birgt...«.

In grenzenloser Vereinsamung und Isolation erlebt der zeitgenössische Mensch seine Innenwelt als Wüste. Nicht anders zeigen ihm sich die Umweltprobleme in der zunehmenden Verwandlung der Erde in eine Wüstenlandschaft. Daraus kann aber auch die Erfahrung eines unsichtbaren Stromes christlichen Lebens inmitten der Wüste hervorgehen. Wer in ihn eintaucht, eine metanoia erfährt und ein neues Denken lernt, eine Sinneswandlung vollzieht und eine neue Moralität zu leben sucht – der findet das Reich der Himmel im eigenen Herzen.

Die Taufe Jesu

Der Höhepunkt und die Vollendung des priesterlichen Lebens und Handelns ist für den Täufer die Taufe Jesu im Jordan. Sie wird in jedem der vier Evangelien berichtet: Matthäus 3, 13–17, Markus 1, 9–11, Lukas 3, 21–22, Johannes 1, 32–44. Als Jesus aus Galiläa an den Jordan zu Johannes kam, um sich taufen zu lassen, wehrte ihm Johannes mit der Frage:

> »Ich bedarf wohl, daß ich von dir getauft werde, und du kommst zu mir?«

Johannes ist nicht nur von Gott gesandt. Er verfügt über die mystische Schau. Ihm wird deutlich, daß er, der Priester des Alten Bundes, in dem Menschen Jesus einen vor sich hat, der mit einer anderen und größeren Taufe zu taufen vermag. Der Täufer erkennt sich selbst als der Taufe bedürftig. Doch ist die Antwort Jesu grundlegend und wegweisend für die Zukunft: »Laß es jetzt also geschehen, denn so gebührt es uns, alle Gerechtigkeit zu erfüllen.«

So unterschiedlich Menschen ihrer Fähigkeit und Begabung und damit ihrer geistigen Potenz nach sein mögen, in der Sphäre der Gerechtigkeit sind vor Gott alle gleich. Wer in den Leib zu seiner Menschwerdung eintaucht, bedarf der Taufe zu seiner Christwerdung, gleich welchen geistigen Ranges er sei. Paradox gesagt: Selbst Jesus ist getauft, und die Taufe erschließt den göttlichen Umfang seines Christseins. Daß Menschen sich wechselseitig diesen

Dienst leisten und auch der Gottmensch Jesus Christus die Taufe sucht, wie umgekehrt auch seine Salbung und Ölung und damit die Bereitschaft zum Tode erfolgt, zeigt, daß es in dieser Frage um das Menschsein als solches geht. Während der Taufe erschließt sich ihm die Fülle der geistigen Welt. Der Geist Gottes geht wie in der Gestalt einer Taube in ihn ein, und die Stimme des Vaters aus den Himmeln ertönt:

»Dies ist mein lieber Sohn, in dem ich mich offenbare.« (Mt 3,7)

Der volle Umfang der Trinität enthüllt sich im Augenblick der Taufe. Der Vater offenbart sich und spricht, der Sohn taucht als Mensch in das Wasser unter und hört, der Heilige Geist verbindet sich dem Sohn, die Taube ist das Bild für diesen Vorgang. Von der Taufe an kann der im Menschen erschienene Gott seine Wirksamkeit beginnen. In der Theologie nennen wir diesen Vorgang die Epiphanie, das Erscheinen des Gottes im Menschen, und begehen die Epiphanias-Zeit im Anschluß an den Tauftag, dem 6. Januar, im Jordanfluß. Johannes der Täufer ist Zeuge dieses ganzen Vorganges. Er ist »Zeuge des Lichtes«, auch wenn die Wassertaufe durch Jesus Christus zur Taufe mit dem Heiligen Geist, mit Feuer, erweitert wird.

Die Segnung der Kinder

Die ersten drei Evangelien Matthäus (19, 13–15), Markus (10, 13–16) und Lukas (18, 15–17) berichten gemeinsam von einer Segnung der Kinder durch Jesus Christus. Diese Perikope wurde für die Entwicklung der Taufe und dann auch für die Konfirmation ausschlaggebend. Matthäus und Markus sprechen von Kindern – paidia – Lukas, der Arzt, spricht von Säuglingen – brephos –, was sowohl der Embryo als auch der Säugling, das ganz kleine Kind, bedeuten kann. Bei Markus heißt es:

> »Und sie brachten Kinder zu ihm, daß er sie anrühre. Die Jünger aber fuhren die an, die sie trugen. Da es aber Jesus sah, wurde er unwillig und sprach zu ihnen: Lasset die Kinder zu mir kommen und hindert sie nicht, denn solcher ist das Reich Gottes. Ja, ich sage euch, wer das Gottesreich nicht in sich aufnimmt wie ein Kind, der wird keinen Zugang dazu finden. Und er herzte sie und legte ihnen die Hände auf und segnete sie.«

Diese Perikope wird im frühen Christentum zur Begründung der Kindertaufe, die allmählich praktiziert wurde, herangezogen. Tertullianus, der römische Kirchenlehrer, der etwa 205 / 06 nach Christus seine Schrift über die Taufe schreibt, steht selbst noch auf der Seite der Erwachsenentaufe. Ein »schnelles« und »unbedachtes« Taufen ist nach ihm für die Amtsträger nicht gestattet. Der Taufe geht ja die Vorbereitung und die Prüfung des Täuflings voraus, und die Paten bezeugen, daß sich der Taufkandidat den christlichen Glauben und das Bekenntnis wirklich zu eigen gemacht hat.[18] Im Blick auf das oben genannte Kinderevangelium mit den Worten Jesu: »Wehret ihnen nicht, zu mir zu kommen«, hält er dann doch eine frühere Taufe für möglich und faßt seine Anschauung in dem Satz zusammen: »Sie mögen Christen werden, sobald sie im Stande sind, Christum zu kennen.«

Es war jüdische Sitte, Kinder zu einem berühmten Rabbi zu bringen, um seinen Segen für sie zu erbitten. Die Bitte an Jesus Christus, die ihm zugebrachten Kinder anzurühren, schließt diese Frage und Bitte ein. Die segnende Berührung durch die Hand läßt die Kraft des Segnenden auf den Gesegneten überströmen. Bei Matthäus heißt es: »Damit er die Hände auf sie legte und betete« – ein Element, das im Kultus der Christengemeinschaft ein Teil der Konfirmation geworden ist. Die Handauflegung und Segnung der Kinder erfolgt hier zum Abschluß der Kindheit und zur Bekräftigung der Taufe für das Jugendalter.

Die Jünger treten dazwischen und wollen den Eltern, die ihre Kinder zu Jesus bringen, den Zugang wehren. Warum? Weil im ersten Jahrhundert noch alles auf den Erwachsenen hin orientiert ist, ja, im Judentum sogar auf den Mann. Wenn Jesus Christus die Frauen wesensgleich achtet und nun auch noch die Kinder zu sich kommen läßt, ändert er von Grund auf die Beziehung der Menschen zu Gott. Die seelische Erregung Jesu Christi, die Markus mit einem Wort bezeichnet, das »erregt, aufgebracht sein« – »zürnen« heißt, ist im Neuen Testament einmalig. Für Christus haben die Jünger grundsätzlich etwas noch nicht verstanden, nämlich, daß das Wesen eines Kindes in seiner offenen Empfänglichkeit dem Reiche Gottes so nahe ist –

es lebt sogar noch in ihm –, und dieses Nichtverstehen erzürnt ihn. Die Christen werden als Gottes-Kinder eine vergleichbare Offenheit der Seele und des Bewußtseins auf höherer Ebene erringen müssen, um in das Reich des Gottesgeistes Eintritt zu erlangen. Das Kinderevangelium spricht von der Liebe Jesu Christi zu den Kindern. Sein Herz wendet sich ihnen zu. Er betet für sie, er legt ihnen die Hände auf, er segnet sie. Diese Grundelemente sind heute im Sakrament der Taufe, der Sonntagshandlung für die Kinder und dem Sakrament der Konfirmation zu einem kultischen Lebensprozeß geworden, der vom Säuglingsalter bis zur Erdenreife die Kindheit begleitet. Das Taufsakrament der Christengemeinschaft ist eine reine Kindertaufe, so daß die Handauflegung und die Segnung der Kinder mit der Konfirmation verbunden sein dürfen. Martin Luther, der entschieden für die Kindertaufe eintrat, hat dieses Kinderevangelium in die Taufordnung hereingenommen. Fast alle reformatorischen Taufordnungen schließen es ein.

Vom Leben im Zeichen des Kreuzes

Die Taufe bildet den Anfang der Christwerdung der einzelnen Persönlichkeit. Sie ist aber zugleich das grundlegende Sakrament für die Gemeinschaft der Getauften – der Christengemeinschaft. Im Namen der göttlichen Dreieinigkeit wird mit ihr für das Leben des Christen und das Leben der Gemeinschaft der Christen der heilige und objektive Anfang gemacht. Wir haben gesehen, wie von diesem Initiationsakt – dem Anfang – aus eine Fortsetzung durch Eltern, Paten, Lehrer und Priester in der Kindheit möglich ist, wie aber auch die Taufgemeinde eine konkrete Aufgabe für das getaufte Kind, mindestens für die Kindheit bis zur Konfirmation, übernimmt.

Die Konfirmation führt den Konfirmanden in die Menschenweihehandlung ein. Am Fest der Jugendweihe nimmt er zum ersten Mal an ihr teil, ja, er wird Glied der Kommunionsgemeinschaft, indem ihm erstmalig die Kommunion gespendet wird.

Zur Vorbereitung hat er gelernt, an sich selbst das Zeichen des dreifachen Kreuzes an Stirn, Kinn und Brust zu ziehen. Er zieht es zu Beginn der Menschenweihehandlung, wenn zu Füßen des Altares die göttliche Dreifaltigkeit angerufen wird, und er zieht es dann jedes Mal – insgesamt sieben Mal –, wenn ein neuer Teil des Altarsakramentes beginnt. Damit webt der Gottesdienst zwischen dem Einzelnen und der Gemeinschaft hin und her. Jeder Einzelne steht einen Augenblick wie vor sich selbst, indem er mit der rechten Hand das Zeichen des Kreuzes im Namen des Vaters, des Sohnes und des Heiligen Geistes zieht, gleichsam wie sein eigener Priester. Die bewußte Christwerdung des Einzelnen und die Durchchristung der Gemeinschaft im Ganzen ist ein aufeinander bezogener Lebensvorgang, der im Gemeinschaftsgebet der Weihehandlung gepflegt wird. Darin kommt auch zum Ausdruck, wie das Eintauchen in den Taufstrom und das Taufen mit der Feuerkraft des Heiligen Geistes eben nicht nur ein einmaliger Akt am Anfang des Lebens ist, sondern ein Akt und zugleich ein Prozeß, der idealerweise das ganze Leben bis zum Tode hin begleitet. Die Menschenweihehandlung setzt fort, was mit der Taufe begonnen und durch die Konfirmation bekräftigt worden ist und nun das ganze Leben durchdringt. Der getaufte Christ vermag dadurch in lebendiger Beziehung zum Quell der Taufe zu bleiben. Das Anrufen der Dreifaltigkeit wird zu einem Vorgang, der das ganze Leben mit allen einzelnen Erfahrungen und Erlebnissen mit der Gottheit verbindet. Der Musizierende kennt die Linien, auf denen die Noten als Zeichen die Höhe und Tiefe der Musik anzeigen. Er weiß, daß ein Kreuz am Anfang alle folgenden Noten in ihrem Charakter verändert. Sie werden erhöht. So vermag der Christ, der sein Christsein lebendig erhält und pflegt, als ständiges Christ-Werden durch das Ziehen des Zeichens und Lebens mit dem Kreuz allem, was er tut, ein Vorzeichen zu geben. Er wird erhöhen, was ihm im Leben an Gutem und Schwerem begegnet. Auch seine Paten und sein berufliches Handeln können dadurch in den Dienst der Weltverwandlung durch die Tat Christi hereingestellt werden.

Allmählich wird er lernen, nicht nur die Gedanken der dreieinigen Gottheit in Andacht zuzuwenden und ihr in

Verehrung zu nahen, wenn er allein betet oder sich mit anderen zum Gemeinschaftsgebet vereint. Die Dreiheit des Gotteswesens wird ihm überall im Leben Leit- und Urbild sein können. In dem Ebenbild Gottes, dem Menschen, wird er die Dreiheit von Leib, Seele und Geist als Spiegelung und Ergebnis der Schöpfung menschenkundlich denken und erfahren lernen. Ihm vermag auch deutlich zu werden, daß die Gesamtheit des sozialen Lebens sich sinnvoll in die Dreiheit von wirtschaftlich-finanziellem, rechtlich-politischem und geistig-religiösem Leben gliedert. Er wird das trinitarisch gestaltende Weltprinzip bis in den Aufbau der Pflanze nach Wurzel, Stengel und Blüte wiederfinden. Die schaffende Idee des dreieinigen Gottes läßt das Leben in anderem Licht sehen und erkennen, ja, sie fängt an, das ganze Leben zu durchdringen.

Aus einer Taufformel wird somit ein Gebet, aus einem Gebet eine Denk- und Sichtweise des Lebens überhaupt.

Wenn ein Mensch sein Leben endet, dann wird nach Möglichkeit der Priester zum Vollzug des Sterbesakramentes, der Heiligen Ölung, gerufen. Erlaubt es das Schicksal, dann umfaßt sie eine letzte Beichte, ein letztes Abendmahl und den Vollzug der Ölung. Dabei werden auf die Stirn des Sterbenden drei Kreuze gezogen. Zum letzten Mal steht dann dieses Leben unter dem Vorzeichen des Kreuzes. In diesem heiligen Zeichen vollendet sich das menschliche Leben zwischen Geburt und Tod. An der Schwelle zur geistigen Welt wird der Sterbende darauf vorbereitet, dem Herrn des Lebens im Augenblick des Todes gegenüberzutreten und ihn zu erfahren, wie es erstmalig die Apostelgeschichte des Lukas vom Tode des Stephanus berichtet (Apg 6–7).

Zur Frage der Anerkennung der Taufe

Von evangelischer Seite her ist es verständlich, daß auf die Christengemeinschaft primär unter dem Gesichtspunkt der Lehre, das heißt der Dogmatik, geblickt wird. Was lehrt die Christengemeinschaft? Zu wenig wird dabei beachtet, daß der Priester der Christengemeinchaft volle Lehrfreiheit genießt. Er hat selber vor Gott zu verantworten, was und wie er lehrt. Es gibt nur eine einzige Begrenzung. Seine Lehre darf dem von ihm ausgeübten Kultus nicht widersprechen. Damit erweist sich auch, daß die Bewegung für religiöse Erneuerung Sakraments- und Kultusgemeinschaft ist. Nicht die Predigt und die Lehre, sondern der Kultus und die Siebenheit der Sakramente stiften die Gemeinschaft der Christen. Will man der Christengemeinschaft mit Verständnis begegnen, so muß man sie als liturgische Bewegung, als Sakramentsgemeinschaft sehen. Der evangelische Bischof Wilhelm Stählin hat 1958 einmal gesagt, daß, wenn man das Besondere eines Teilkirchentumes kennenlernen wolle, »man nicht so sehr die Bücher studieren, als vielmehr sie da aufsuchen muß, wo ihr Herz schlägt, nämlich in ihrem gottesdienstlichen Vollzug«. Wer Gültiges über die Taufe der Christengemeinschaft erfahren und sagen will, sollte diesen Rat befolgen und den Herzschlag der Christengemeinschaft wiederholt hören und am kultischen Ereignis in der Gemeinde teilnehmen. Dann erfährt er mehr als vom Schriftstudium.

Die Taufagende liegt gedruckt nicht vor. Auch den Mitgliedern der Christengemeinschaft ist das Taufsakrament ausschließlich im lebendigen Hören und im kultischen Bild zugänglich. Das hat wiederholt zu Mißverständnissen oder gar zum Vorwurf der Geheimhaltung etc. geführt. In einer Zeit der Inflation gedruckter Worte und der Veröffentlichung auch des Intimsten unter den Menschen, ist das verständlich. Ist aber eine Taufe geheim, wenn sie Wochen vorher schriftlich angekündigt wird, wenn jedermann dazu geladen und die Taufgemeinde geradezu den Auftrag hat, teilzunehmen und sie mitzuvollziehen? Auch das Meßbuch ist nicht veröffentlicht. Die Menschenweihehandlung jedoch ist ganz öffentlich. Es handelt sich daher nicht um eine Arkandisziplin, die hinter verschlossenen Türen für die Reinerhaltung einer Substanz zu sorgen habe, nein. Ein Text, der geschrieben oder gar gedruckt ist, ist das »letzte Ende der Wege Gottes« (frei nach Oetinger). Wer aber den Anfang der Wege Gottes aufsuchen will, d.h. das Wort wieder mit dem Logos, dem Weltenwort zu verbinden sucht und die kultische Verantwortung für dieses Gotteswort übernimmt, sorgt für die lebendige Ganzheit. Das kultische Bild, das gesprochene Wort, die sakramentale Tat, die Intensität und Fähigkeit des Hörens, die Wachheit des kultischen Sehens der Gemeinde, das Kind, die Eltern, die Paten, die Taufgemeinde, der kultisch gewandete Ministrant als Repräsentant der Gemeinde, Gewandung und Gebärde des kultisch handelnden Priesters, der bestimmte Tag, der Weiheort – alles zusammen bildet erst die lebendige Ganzheit des »Ereignisses«. Schon bei einer Pflanze kann man keinen Einzelteil herauslösen, ohne die lebendige Ganzheit, den Organismus, grundsätzlich zu gefährden. Man bereitet ihm den Tod. So ist auch der Wortlaut eines Sakramentes eine lebendige Ganzheit. Die Formel der Heiligen Dreieinigkeit tritt überhaupt nur »in actu«, d.h. lebendig und im kultischen Vollzug an die Öffentlichkeit. Sonst ist es eine bloße Formel. Darf der höchste Anspruch ausgesprochen werden, dem sich die Christengemeinschaft verpflichtet fühlt? Das Wort des Sakramentes ist die Sprache des Auferstandenen in der Gegenwart. Auf Golgatha hat Jesus Christus den Kreuzestod erlitten. Am Ostersonntagmorgen ist er auferstanden. Das Gebot zu taufen, mit dem Matthäus sein Evangelium endet (Mt 28), gibt der Auferstandene und gen Himmel Fahrende seinen hörenden Jüngern. Und wenn er ihnen im gleichen Atemzug seine Allgegenwart an jedem Tage bis zur Vollendung der Erde verheißt und diese Gegenwart in seinem Worte wirksam wird, dann muß doch eine Gemeinde alles tun, um sich dieses Ereignisses würdig zu erweisen.

Wenn ich richtig sehe, hat bislang von evangelischer Seite fast nur Walter Birnbaum in seinem Werk »Das Kultusproblem und die Liturgische Bewegung des 20. Jahrhunderts« einen ernsten und tiefen Versuch unternommen, die ur-evangelische Haltung der Christengemeinschaft zu verstehen, die dem Wort Gottes als lebendigem Ereignis zu dienen sucht.

»Der Kultus entsteht nicht durch Zusammenstellung kultisch bewährter Stücke, sondern er ist gegeben als eine Ganzheit gemäß ewiger Gesetze des Kultgeschehens, und er läuft darum ab wie ein sich entfaltendes Gewächs...«
»... Alles, was hier im Kultus, im Menschen, in der Welt geschieht, räumlich ausgeweitet ins Kosmische, in eine Dimension also, die, wie auch Stählin sagte, im Protestantismus verloren gegangen war. Zeitlich hat der Kultus den organischen Zusammenhang mit allem Kultus, der sich je

ereignet hat; er gilt als dessen Erfüllung. So ist der organische Zusammenhang in Raum, Zeit und übersinnlicher Welt unermeßlich...«[19]

Zusammenfassend kann gesagt werden: jeder kann das Taufsakrament aufsuchen, es sehen, hören, prüfen und sich ein eigenes Urteil bilden. Wer sich den Text beschaffen wollte, beginge ein Sakrileg.

Neben dem Vorwurf der Verheimlichung des Textes ist immer neu zu lesen, daß das Bild der Personen der Trinität ein anderes als des biblisch bezeugten sei. Es entstamme einer anderen Offenbarungsquelle. Jeder Gutwillige kann bei Friedrich Rittelmeyer, dem ersten Erzoberlenker der Christengemeinschaft, nachlesen, daß er das Zeugnis Jesu Christi höher stellt als das von Rudolf Steiner. Wer das Bekenntnis der Christengemeinschaft vorurteilslos prüft, wird die Identität der Glaubensaussagen feststellen können, die seit dem Bekenntnis des Petrus vor Caesarea Philippi durch alle Formulierungen des christlichen Bekenntnisses hindurch bis zur Gegenwart weitergereicht werden. Alle Lehraussagen eines Priesters der Christengemeinschaft sind vor Gott und sind vor Christus zu verantworten als der höchsten Instanz, die es für einen Christen geben kann. Es tritt zwar zur Heiligen Schrift, insbesondere dem Neuen Testament, der Organismus und damit der Wortlaut der Sakramente als Offenbarungsquelle hinzu. Ist aber die Orthodoxe Kirche keine christliche Kirche mehr, wenn sie zu Sakrament und Bibel auch das heilige Bild, die Ikone, zu den Quellen der Offenbarung hinzuzählt? Und welche Bedeutung hat die Siebenheit der Sakramente für den römischen, syrischen und koptischen Christen? Wird nicht lebendiges Christentum gerade dadurch bereichert, daß die Quellen der geistigen Welt auch heute fließen und der Reichtum nicht immer nur reduziert wird »allein auf die Schrift«? Wäre nicht manche lutherische Theologie, wie schon Walter Birnbaum bemerkte, dann auch zu befragen, ob für sie nicht Martin Luther und das Corpus Reformatorum eine zweite Offenbarungsquelle wäre? Wir würden sagen: eine Bereicherung. So meinen wir und sagen es in voller Verantwortung: die traditionelle Taufformel: »Im Namen des Vaters, des Sohnes und des Heiligen Geistes« ist im Taufritual der Christengemeinschaft enthalten. Allerdings in einer erweiterten, verlebendigten Form, die das Formelhafte ergänzt. Jeder taufende Priester bezeugt durch den Vollzug und die Intention der Taufe, im Namen der göttlichen Dreieinigkeit, der drei Personen des ureinen Gottes zu handeln. Er tauft rite und er tauft mit Wasser nicht allein, sondern die Substanzen Salz und Asche ergänzen und entfalten den Taufvorgang nach den Bildegesetzen der Trinität selbst.

In folgendem Wortlaut gab der Rat der Evangelischen Kirche in Deutschland (EKD) am 31. Mai 1949 eine Empfehlung an die Landeskirchen:

1. *Die Taufen der Christengemeinschaft nicht als christliche Taufe anzuerkennen;*
2. *eine Klärung der Abgrenzung der Evangelischen Kirche in Deutschland und ihrer Gliedkirchen zur Christengemeinschaft herbeizuführen.*

Dem waren vom 5. bis 6. März Gespräche in Assenheim vorangegangen, die von evangelischer Seite durch Bischof Wilhelm Stählin (Oldenburg), Dr. v.d. Gablentz (Berlin), Prof. Foerster (Münster) und Kirchenrat Ritter

(Marburg) vorbereitet wurden. Trotz offener Atmosphäre führte das Gespräch zu dem negativen Resultat.

1969 hat sowohl die Evangelische Bischofskonferenz in Loccum als auch der Rat der EKD erneut die Frage der Anerkennung der Taufe behandelt. Beide Organe sind zu dem Ergebnis gekommen, daß zwar die Nottaufe, nicht aber die volle sakramentale Taufe der Christengemeinschaft als christlich anerkannt werden könne.

Das Handbuch »Religiöse Gemeinschaften«, das im Auftrag des Arbeitskreises Religiöse Gemeinschaften der Vereinigten Evangelisch-lutherischen Kirche Deutschlands (VELKD) herausgegeben wird, führt dazu weiterhin aus (dabei ist zu beachten, daß von der ersten Auflage 1977 über die zweite Auflage 1979, zur dritten von 1985, jeweils Änderungen gemacht werden; um den gültigen Stand zu erfahren, bedarf der Leser jeweils der neuesten Auflage!): Die wichtigsten Folgen der Nichtanerkennung[20] seitens der EKD sind u. a.:

2) *Ein evangelisch-lutherischer Christ kann bei einer Taufe der Christengemeinschaft nicht Pate sein.*

4) *Ein in der Christengemeinschaft Getaufter ist beim Übertritt in die Evangelisch-lutherische Kirche zu taufen.*

6) *Evangelisch-lutherischen Christen wird abgeraten, sich nach der Ordnung der Christengemeinschaft taufen zu lassen.*

9) *Eine Zulassung von Gliedern der Christengemeinschaft zum Abendmahl in der Evangelisch-lutherischen Kirche ist nicht möglich. Im Falle einer Doppelmitgliedschaft sollte im seelsorgerlichen Gespräch eine Entscheidung zwischen evangelischer Kirche und Christengemeinschaft nahegelegt werden.*

10) *Ein evangelisch-lutherischer Christ sollte an den Sakramenten der Christengemeinchaft nicht teilnehmen.*
12) *Der Christengemeinschaft können kirchliche Räume nicht zur Verfügung gestellt werden.*

Der Entschluß, die Taufe der Christengemeinschaft als Taufe nicht anzuerkennen, hat also eine Fülle von Folgen, die in die schwerwiegendste einmünden, daß de facto jedem Mitglied der Christengemeinschaft, selbst einem Priester, die Christlichkeit überhaupt abgesprochen wird. Denn was sollte anderes als Signatur des Christseins dienen, wenn nicht die Taufe? Die Vertreter der Christengemeinschaft haben seinerzeit den Schritt der EKD tief bedauert. Sie waren, wie es Pfarrer Hilmar von Hinüber an den Rat seinerzeit schrieb, tief bekümmert. Als ich den Ratsvorsitzenden, Bischof Dietzfelbinger, einige Jahre vor seinem Tode besuchte, bedauerte auch er im persönlichen Gespräch diesen Entschluß. Er zeigte waches Verständnis für die Vertiefung des Christusbildes der Christengemeinschaft zur kosmischen Dimension hin, die über das historische Verständnis des gekreuzigten Jesus von Nazareth zum erhöhten Herrn hinführt. Doch sah er sich durch sein Amt nicht in der Lage, den Prozeß der Revision dieser Entscheidung von 1949 und 1969 erneut in Gang zu setzen. Er hoffte auf die Zukunft. Ob inzwischen die Zeit weitergereift ist? Die Christengemeinschaft ist bis heute bei der Anerkennung der christlichen Taufen anderer christlicher Kirchen, so auch der evangelischen Taufe, geblieben. Das ist – und dies sei hier nicht verhehlt – ihr nicht immer leicht gewesen. Hat doch Karl Barth 1922 – im Gründungsjahr der Christengemeinschaft – in der zweiten Auflage seines Kommentars zum Römerbrief die

Revolution der dialektischen Theologie ausgelöst, was u.a. dazu führte, die Taufe als Sakrament und damit als Wort und Handeln Gottes zu verwerfen und sie nur als einen menschlichen Bekenntnisakt zu werten. Bekennt sich da der unmündige Säugling zu Gott? Haben nicht Glieder der Christengemeinschaft immer wieder erlebt, daß taufende evangelische Geistliche die Trinitätslehre erstens nur als Lehre ohne objektiven Tatsachengrund und dann sogar als Mythologumene anschauen?

Das Wirken der Christengemeinschaft ist rein positiv auf christliche Ziele gerichtet. Nur da, wo sie angegriffen wird, muß um der geistigen Wahrhaftigkeit willen eine Abwehr erfolgen. Wir sehen keinen Anlaß, die Nichtanerkennung der Taufe mit der gleichen – wie wir meinen – wenig christlichen Haltung zu beantworten. Doch darf wegen des Unheils, das in Seelen angerichtet wird, und das evangelische Christen ungleich stärker trifft als die Glieder der Christengemeinschaft, nicht verhehlt werden, daß eine Wiederaufnahme und eine vor dem Geist der Zukunft zu verantwortende Klärung der Fragen zu begrüßen sind[21]. Die Tür der Christengemeinschaft steht immer offen. Von 1991–1993 trafen sich Vertreter beider Kirchen nach langer Zeit wieder zu mehrmaligen zweitägigen Gesprächen. Sie führten zu einer gemeinsamen Erklärung, die im Oktober 1993 im Jahrgang 65 der Zeitschrift *Die Christengemeinschaft* veröffentlicht wurde (S. 473 ff.). Die Gespräche waren fruchtbar und aus gutem Geist wechselseitiger Anerkennung geführt. Zum Taufverständnis und dem Taufvollzug konnten wichtige Klärungen erreicht werden. Doch konnten die inoffiziellen Gesprächspartner die Taufformel selbst – wohl bei der Nottaufe! – wegen der Buchstäblichkeit des Wortlautes und der Einbindung in die Ökumene weiterhin nicht anerkennen.

Eine »sorgfältige Prüfung« kann nicht erfolgt sein. Das zeigt schon die fehlerhafte und irreführende Charakterisierung der Christengemeinschaft.

Die Christengemeinschaft wird ihren Auftrag weiter erfüllen. Ob evangelisch, katholisch oder orthodox – sie wird die Taufe aus dem Geist der einen christlichen Kirche anerkennen. Das stetig wachsende Vertrauen von jungen Eltern in die Taufe, das erneuerte Sakrament der Christwerdung spricht für die Zukunft.

Die römisch-katholische Kirche hat in einer »Bekanntmachung« der Kongregation für die Glaubenslehre, unterzeichnet von ihrem Präfekten Joseph Kardinal Ratzinger, datiert vom 9. März 1991, auf eine entsprechende Anfrage hin entschieden, daß die in der Christengemeinschaft gespendete Taufe ungültig ist (veröffentlicht in: Acta Apostolicae Sedis, Jahrgang 1991). Eine Begründung für diese Entscheidung wird in der kurzen Erklärung nicht gegeben. Es wird jedoch eigens darauf hingewiesen, daß diese Entscheidung »nach sorgfältig vollzogener Prüfung« gefällt worden ist. Die in dem Dokument gewählte Formulierung »validus« (»gültig« bzw. in der hier ausgesprochenen Negation: »ungültig«) ist der präzise und stärkstmögliche dogmatisch-theologische Fachausdruck, um festzustellen, daß eine Handlung null und nichtig ist. Entscheidungen der »Kongregation für die Glaubenslehre« (früher »Heiliges Offizium« genannt), soweit sie nicht vom Papst ausdrücklich approbiert sind – und dieses Dokument ist nicht approbiert –, haben nach dem Selbstverständnis der römischen Kirche zwar nicht direkt am sog. ordentlichen Lehramt des Nachfolgers Petri oder der Bischöfe teil – sie sind auch nicht unfehlbar –, sind aber aufgrund der herausragenden Bedeutung dieser Kongregation als »Wächter für Glauben und Sitte« von besonderem Gewicht.

Anmerkungen

1 Lexikon für Theologie und Kirche, Bd. 6, Freiburg 1961, S. 598

2 Peter Heimann, Erwähltes Schicksal, Tübingen 1988

3 Wolfgang Schad, Die Vorgeburtlichkeit des Menschen, Stuttgart 1982

4 Erich Blechschmidt, Vom Ei zum Embryo, Reinbek 1970, S. 34f.

5 Rudolf Steiner, Das Matthäus-Evangelium, GA 123

6 Rudolf Steiner, Die Welträtsel und die Anthroposophie, GA 54, Vortrag vom 23. November 1905: Bruderschaft und Daseinskampf

7 Codex des kanonischen Rechtes: Kevelaer, [2]1984, Can. 872–874

8 Friedrich Rittelmeyer, Ich bin. Reden und Aufsätze über die sieben »Ich-bin«-Worte des Johannesevangeliums, [2]1986. Siehe auch Christoph Rau, Sakrament und Zeichentat, Stuttgart 1995

9 Siehe z.B. Otto Wimmer, Handbuch der Namen und Heiligen, Innsbruck – Wien – München 1959

10 Siehe H. W. Schroeder, Dreieinigkeit und Dreifaltigkeit, Stgt. 1986

11 Rainer Maria Rilke, Sämtliche Werke, Bd. 2, Frankfurt a. M. 1975, neunte Elegie

12 Emil Bock, Der Kreis der Jahresfeste, Stuttgart [4]1981;
Brigitte Barz, Feiern der Jahresfeste mit Kindern, Stuttgart [4]1989;
Hans-Werner Schroeder, Das Evangelium im Jahreslauf, Stgt. 1988

13 Johannes Lenz, Der Gottesdienst für die Kinder, Stuttgart 1982

14 Rudolf Steiner, Die Erziehung des Kindes vom Gesichtspunkt der Geisteswissenschaft, Berlin 1907 (zahlreiche Neuauflagen)

15 Gustav Mahler (1860–1911) hat am Anfang dieses Jahrhunderts einzelne dieser »Kindertotenlieder« zu musikalischem Leben erweckt.

16 Johannes Lenz, Das Ereignis des Todes. Zum Umkreis der Bestattung, Stuttgart 1986; s. darin das Kapitel: Frühverstorbene Kinder.

17 Tertullian, Sämtliche Schriften, darin: Über die Taufe, Köln 1882

18 ebd., Über die Taufe, Kap. 18

19 Die Deutsche Evangelische Liturgische Bewegung, Bd. 2, Tübingen 1970, S. 65

20 Die hier auswahlweise zitierten Punkte finden sich auf Seite 251f. im Handbuch »Religiöse Gemeinschaften«, 3. Aufl., Gütersloh 1985

21 Möglicherweise kann aufgrund neuerer inoffizieller Gespräche ein Umgang ohne Diskriminierung erreicht werden; einen ersten Schritt dazu bildet die »Gemeinsame Erklärung«, s. »Die Christengemeinschaft« 10/93.

Einführende Schriften von Johannes Lenz

Der Gottesdienst für die Kinder
56 Seiten, kartoniert

Die Konfirmation
Von der Kindheit zur Jugend
2. Auflage, 88 Seiten, kartoniert

Lebensgemeinschaft und Trauung
Das Sakrament der Ehe
2. Auflage, 148 Seiten, kartoniert

Die neue Beichte
Eine Einführung in das Sakrament
52 Seiten, kartoniert

Die Menschenweihehandlung
Eine Einführung in den neuen Gottesdienst
152 Seiten, kartoniert

Das Ereignis des Todes
Zum Umkreis der Bestattung
124 Seiten, kartoniert

Priestertum im zwanzigsten Jahrhundert
132 Seiten, kartoniert